フランス料理
メニューノート

目 次

フランス語でメニューを書く 本書の使い方 ……… 5

用例の出典 ……………………………………… 12

料理とデザート ……………… 15
スタイルの表現 ……………… 245
メニュー用語 ………………… 249

メニューの言葉を巡る旅 …………………… 260

食事を指す言葉
スープ という言葉
ポタージュという言葉
ヴルーテという言葉
ポタージュ・クレームという言葉
クレームのテリトリー
「ア・ラ・なんとか」の意味
「メニュー」という言葉
料理も言葉も、限りなく軽く
アロマート、スパイス、薬味
「いちごのコンフィテュール」

デザイン…中島寛子
編集………木村真季

フランス語でメニューを書く

本書の使い方

主材料となる素材名のページを引き、調理に適合するフレーズを選び、フランス語を書き写します。

その料理の第2要素（ソース、付け合せ、〜風味）を書きたい場合は、その材料名のページを引いて項目を選び、主材料フレーズにつなげて書き写します。

例）「オマールのロティ、アーモンド風味」と書きたい

↓

①オマールのページから項目を探す

オマールのロティ	オマール ロティ homard rôti

②アーモンドのページを引いて項目を探す。

アーモンド添え、入り、風味	オ ザマンド …aux amandes

③ふたつのフレーズをつなげる。

Homard rôti aux amandes

ひとつの日本語に対して、ポピュラーな言い回しが複数ある場合は、それを併記しています。その場合は選んでください。

仔羊のロティ	アニョー ロティ agneau rôti
	ロティ ダニョ rôti d'agneau

フレーズのつなげ方

主材料(または主材料+調理法)を上の句とすると、付け合わせやソースや風味の表現は下の句にあたります。

本書中、フランス語の冒頭に「…」がついたフレーズは下の句限定フレーズです。上の句にそのまま続けて書きます(前頁の例)。「〜」がついたフレーズも同様です。

冒頭に「…」も「〜」もついていないフレーズを下の句として使いたい場合は、上の句との間にカンマ(,)を入れます。

例)「オマールのロティ、ビターアーモンドのジュ添え」と書きたい。

① オマールのロティ	homard rôti (オマール ロティ)
② ビターアーモンドのジュ	jus d'amande amère (ジュ ダマンド アメール)

③ふたつのフレーズをつなげる
　Homard rôti, jus d'amande amère

大文字で書くか、小文字で書くか

メニュー最初の単語の、最初の文字を大文字にしてください。他は小文字です。

例)仔牛のブランケット　　**B**lanquette de veau (ブランケット ドゥ ヴォー)

デザインとして、各単語の頭を大文字に、あるいはすべてを大文字で書くこともありましょうが、これがいちばん簡単です。

冠詞はつけなくてよい

フランス語には冠詞というややこしいものがあるとお聞きになったことがおありでしょう。女性形や男性形もあるということも。これがフ

ランス語を学ぶにあたって大きな障害になるのですが、さいわいメニュー名には冠詞がなくても大丈夫。映画のタイトルや、本の題名など、はじめの単語は冠詞をつけないことが多く、メニューもそれと同じです。

用例フレーズは、単数／複数を考慮ずみです

　日本語は、単数か複数か、ということを気にしない言語です。ところが、フランス語は気にします。おおいに。メニューにおいても、お皿の上に同じものを複数のせる場合は複数形で表記するのが基本ルールです。本書では、複数で使われるのが一般的と考えられる用例は、あらかじめ複数形で記しています。たとえば、牛フィレ肉のように通常1枚を盛る場合は単数で、仔羊のコートレットのように数本盛る場合は複数で。付け合せや風味材料についても同様です。

　　例）　牛のフィレ肉　　　　<ruby>filet<rt>フィレ</rt></ruby> <ruby>de<rt>ドゥ</rt></ruby> <ruby>bœuf<rt>ブフ</rt></ruby>
　　　　　仔羊のコートレット　<ruby>cotelettes<rt>コートレット</rt></ruby> <ruby>d'agneau<rt>ダニョー</rt></ruby>

日本特有の素材名の書き方

　国によって人種が異なるように、野菜や魚も異なります。とくに魚介類は、ヒラメやスズキなど、日本の品種を正確に示すフランス語がないというケースがあります。本書では、品種や性質が近く、フランスでポピュラーな素材名を用語例に選んでいます。魚名辞典で、フランス人も知らない魚の名前を無理して探しだす必要はありません。私たちがマイナーな魚の名前を知らないように、フランス人もふだん食べない魚の名前は知らないのです。

　日本にしかない素材で、近似値のフランス語もない場合は、日本語名をローマ字で記します。その場合、最初の文字は大文字に、そしてできれば" "で両端を挟みます。

　　例）ずわいがにのポシェ　　① "<ruby>Zuwaigani<rt>ズワイガニ</rt></ruby>" <ruby>poché<rt>ポシェ</rt></ruby>
　　　　　　　　　　　　　　　② <ruby>crabe<rt>クラブ</rt></ruby> "<ruby>zuwaigani<rt>ズワイガニ</rt></ruby>" <ruby>poché<rt>ポシェ</rt></ruby>

情報量を増やしたければ、②のように、素材名の前にそれがかに crabe であることを加えてあげれば、読み手が素材を判断する手がかりになります。

産地名や生産者名をつけたい場合

最近、素材の産地や作り手がメニューに書かれることが多くなりました。○○産の鶏、と言いたい場合は「素材名＋ de ＋地名」で表わします。

例）ブレス産の鶏　　volaille de Bresse
　　　　　　　　　　ヴォライユ ドゥ ブレス

　　松阪牛　　　　　bœuf de Matsuzaka
　　　　　　　　　　ブフ ドゥ マツザカ

産地名は大文字で始めること。人名も大文字で書きはじめます。

例）高橋さんのにんじん　carottes de Monsieur Takahashi
　　　　　　　　　　　　キャロット ドゥ ムッシウ タカハシ

人名には「〜さん」という意味で、男性には Monsieur 女性には Madame をつけます。高橋さんが若いお嬢さんなら？　とても初々しい本当に若い人なら Mademoiselle とつけてもいいのですが、年齢不詳の域に入っているなら Madame を。
　　　　　　　　　　　　　　　ムッシウ
　　　　　　　　　　　　　　　マダム
　　　　　　　　　　　　　　　マドモワゼル

フランス語の発音のコツ

フランス語のルビを読むときは、なるべく単語の「頭」にアクセントを置くようにしてください。抑揚のない平たい言い方ではなく、初音をはっきりと強調して読むと、フランス語は意外に通じるものです。

リエゾンという、単語と単語をつなげて言うやりかたは、本書ではなるべく少なくしました。単語をくっきり立たせたかったからです。

英語やイタリア語など外国語の発音は、フランス語風の読みが混じっています。現実のフランスでもフランス語風に読んでいる人もいれば、外国語の発音で読んでいる人もいます。

じつは、もっと簡単なメニューの書き方もある

　いちばん簡単なメニューの書き方は、素材の単語を並べることです。主となる材料、付け合わせ、風味づけのハーブやスパイス…を本書で調べて、重要なものから順に並べて書くだけ。それだけで立派なメニュー名になります。

　近年、名だたるホテルやレストランのメニュー、とくにシェフの独創を主張する、いわゆる作家的料理にこの羅列方式が散見されるようになりました。巧みに綴られたものはひとつひとつの文字を追っていくうちに、頭のなかに素材が呼び出され、味まで想像ができて、まるでシュルレアリスムの詩の一篇の趣さえただよいます。
その場合、単語の間をカンマ（,）でつなぎ、最後の単語の前に　et（そして）を入れるのが唯一のフォーマットです。

　　例）たらのポシェ、みかん、焦がしバター、シソ風味
　　　　　　　　　　　　↓
　　　　カビヨー　　マンダリーヌ　　　ブール　　ノワゼット　エ　シソ
　　Cabillaud, mandarine, beurre noisette et shiso

「〜風味」というニュアンスであっても、à la, au, aux などはつけず、フォーマット通りに単語を並べてかまいません。

ちょっと上級／メニュー表記で迷ったときは…

「ローストした仔牛の切り身」

　先に皿の上にあるものが単数なら単数形、複数なら s をつけて複数形になると書きましたが、次のような場合はどうでしょう。

　　例）仔牛のロティのメダイヨン
　　　　メダイヨン　　ドゥ　ヴォ　ロティ
　　　　médaillons de veau rôti/rôtis

仔牛肉 veau をローストしてメダイヨン（メダル）状に薄切りした

料理です。常識的に考えて肉は皿の上に数枚あるはずで、メダイヨン médaillons は複数形。問題は、ロティ rôti を複数形 rôtis にするか否かです。

メダイヨンが複数形なのでロティも複数形、と考える方も多いのですが、焼いた仔牛肉の塊からメダイヨンを切り取るという料理プロセスを考えると、肉の塊はひとつですからロティは単数形 rôti になります。単数、複数の判断には、調理のプロセスを念頭においてみてください。

「キャベツのブレゼ」は、braisé de chou ではなく chou braisé

これまで 30 年間ほどフランス語メニューの校正をしてきて気になっていることがあります。「○○（素材名）の▲▲（調理法）」という場合の表現です。たとえば「キャベツのブレゼ」。chou braisé（名詞＋過去分詞）と書くのがノーマルなところ、braisé de chou（名詞化した過去分詞＋ de ＋名詞）と綴る例をひんぱんに見かけるのです。

たしかに牛肉のロティなら、どちらの言い回しもできます。

　　牛肉のロティ　　① bœuf rôti（ブフ　ロティ）
　　　　　　　　　　② rôti de bœuf（ロティ　ドゥ　ブフ）

rôti は動詞 rôtir の過去分詞ですが、②ではそれが名詞として、つまり料理名として使われています。ただこれは、すべての動詞にあてはまる用法ではありません。最近はフランス人でも「poêlée de」といった書き方をする人もいますが、今回本書のために採取したメニュー実例を見ると、99％がオーソドックスな形式（名詞＋過去分詞）をとっています。

ちょっと混乱してしまったかもしれません。でも本書でフレーズを見つけて「キャベツのブレゼ→ chou braisé」と丸写しすれば大丈夫。単語の組み立てや男性・女性形に迷う必要はありません。「牛肉のロティ」のように、①②両タイプとも一般的に使われている場合は、どちらも用例として収録しています。

印象的なフレーズを使いこなす

フランスのシェフたちのメニューに最近見かけるようになった表現に、「Déclinaison de + 素材名」というフレーズがあります。ラテン語の「語尾変化」を意味する「デクリネゾン」が料理の世界に登場したのには驚きました。いろいろなパターンで、といった意味でしょうか。フランス人にとってラテン語はひどく難解で、語尾変化のすさまじさを知っていますので、この響きが知的に聞こえるのでしょう。

なかなか印象的なフレーズですが、文法的には「鶏のブイヨン bouillon de volaille」「仔牛のメダイヨン medaillons de veau」とまったく同じ、シンプルな表現です。

ちょっとしたフランス語のルールをおさえれば、この「○○ de 〜」を自由に使ってさまざまな表現ができます。

○○ de 〜

日本語で「〜の○○」と言いたい場合、「○○ de 〜」となります。たとえば「季節のサラダ」と言いたければ、

<u>salade</u> <u>de</u> <u>saison</u>
サラダ　　　季節

日本語の語順（季節 / の / サラダ）とは逆（サラダ /de/ 季節）になることに注意してください。たとえば「いわしのデクリネゾン」は、

<u>déclinaison</u> <u>de</u> <u>sardine</u>
デクリネゾン　　　いわし

de のあとの単語が a, i, u, e, o, で始まる場合

ここからは表記の問題です。de という単語は、母音 e で終わります。このすぐ後に続く語が母音（a,i,u,e,o）で始まる場合は、表記に注意

が必要です。たとえばaで始まる語、アスパラガス asperge を例にすると、

例）アスパラガスのデクリネゾン

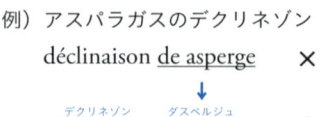

de と asperge で母音が続くので、e を省いて「'」（アポストロフィー）に置き換えたのです。「'」は e を省略しましたよ、という印です。

その他の母音 i, u, e, o も、それぞれにアクセント記号がついていている場合も、みな同じ扱いになります。

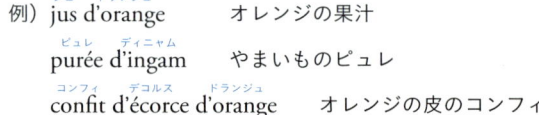

例）jus d'orange　　　オレンジの果汁
　　purée d'ingam　　　やまいものピュレ
　　confit d'écorce d'orange　　オレンジの皮のコンフィ

h + a, i, u, e, o で始まる単語

フランス語は h を発音しない、とお聞きになったことがあるでしょう。ですから h のすぐあとに母音 a,i,u,e,o が続く場合は、これも母音ではじまる単語とみなし、「'」処理の対象になります。

例）カキ（huître）のデクリネゾン

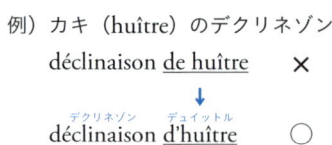

ただ、ややこしいことに例外もあるのです。h を「発音する」とされる単語で、フランス語の辞書を引くと、その語には必ず✝印がついています。これらの単語の h は母音ではないので、一般単語と同じ扱いで、「'」処理をしません。

例）オマールのサラダ

salade de homard
（サラド ドゥ オマール）

料理に使われる単語で、母音扱いの h からはじまる主なものは以下の通りです。

herbe ハーブ　　　　　beurre d'herbes（ブール デルブ）ハーブバター
hirondelle つばめ　　　 nid d'hirondelle（ニ ディロンデル） つばめの巣
huile オイル　　　　　gouttes d'huile（グットゥ デュイル） オイルのしずく
huître かき　　　　　　une douzaine d'huîtres（ユヌ ドゥゼーヌ デュイットル） かき1ダース
hydromel イドロメル　 jus d'hydromel（ジュ デイドロメル） イドロメルのジュ
hysope ヒソップ　　　　huile essentiel d'hysope（ユイル エッサンシエル ディゾップ）
　　　　　　　　　　　ヒソップのエッセンシャルオイル
hibiscus ハイビスカス　 infusion d'hibiscus（アンフュジョン ディビスキュス）
　　　　　　　　　　　ハイビスカス風味のアンフュジョン

応用はいろいろ

表記上のルールさえおさえておけば、de の後に単語をあてはめるだけで、いろいろな表現が可能になります。

variation de 〜（〜のヴァリエーション）
fantaisie de 〜（〜のファンタジー）
harmonie de 〜（〜のハーモニー）
symphonie de 〜（〜のシンフォニー）
rôti de 〜（〜のロティ）
fricassée de 〜（〜のフリカッセ）
blanquette de 〜（〜のブランケット）

用例の出典

　この本を記すにあたり、フランスの古今の料理書や、ホテルレストランのメニュー表などからたくさんのメニュー例を集めました。

　同じひとつの料理でも、多数のシェフの言葉の使い方を比較していくと、各人の考え方の違いが浮き上がってきます。また時代によって調理方法はもちろん、メニューの表記方法にもモードがあることが見えてきます。それらも含め、さまざまな共通点や相違点を検討しながら、フランス料理のスタンダード、現代の日本のレストランにとって必要なフレーズ、かつ文法的にかなうものをピックアップし、分類・整理したものが本書です。紙数の問題で収録しきれなかったものもありますが、古典からヌーヴェル・キュジーヌを経て現代の詩的なメニューまで、なるべく広くとり上げたつもりです。

参考文献

"Nouveau Larousse gastronomique" 1960

"Nouveau Larousse gastronomique" par Prosper Montagné, rédigé par R.Courtine, 1967

"Larousse gastronomique " sous la diréction de Robert J. Courtine, 1984

"Larousse gastronomique" comité gastronomique présidé par Joël Robuchon, 1996

"Le grand Larousse gastronomique" comité gastronomique présidé par Joël Robuchon, 2007

"Larousse gastronomique the world's greatest cookery encyclopedia" Paul Hamlyn 1988

"Larousse les produits du marché" Paule Neyrat, Larousse, 1998

"Larousse des desserts" Pierre Hermé, Larousse, 1997

"Larousse des arbres, des arbustes et des arbrisseaux de l'europe occidentale",

"Michel Becker, Jean-François Picard, Jean Timbal", Larousse, 1982

"Larousse des champignons" Claude Moreau, Larousse, 1978

"Larousse des plantes qui guérissent" Docteur Gérard Debuigne, Larousse, 1984

"Guide des arbres et arbustes" Selection du Reader's Digest, 1986

"Gibier de chasse" Miroslav Bouchner, Gründ, 1988

"Fishes of the North-eastern Atlantic and the Mediterranean" P.J.P.Whitehead, "Clofnam I, Check-list of the fishes of the north-eastern Atlantic and of the Mediterranean" volume I, volume II, J.C.Hureau & Th.Monod, Unesco, 1973,1979

"Éloges de la cuisine française" E. Nignon, Inter-Livres, 1995

"Le livre des menus" A. Escoffier, Éditions contemporaines, 1996

"Eloge de la gourmandise" Gilles Peress, Miguel Rio Branco, Henry Viard, Editions Hologramme, 1983

"La cuisine gourmande, Les recettes originales de Michel Guérard" Robert Laffont, 1978

"La grande cuisine minceur, Les recettes originales de Michel Guérard" Robert Laffont, 1976

"La cuisine spontanée, Les recettes originales de Girardet" Catherine Michel, Robert Laffont 1982

"La cusine, c'est beaucoup plus que des recettes, Les recettes originales de Alain Chapel" Robert Laffont1980

"Les recettes de L'Auberge de l'île" Paul et Jean-Pierre Haeberlin, Flammarion, 1982

"Le nouveau cuisinier gascon" André Daguin, Stock, 1981

"La cuisine de l'émotion" Claude Peyrot, Robert Laffont, 1992

"La cuisine immédiate, Les recettes originales de Pierre Gagnaire", Robert Laffont 1988

"Cuisine de France, Bourgogne" René Emin et Arielle Rosin, Gründ, 1990

"Les bonnes recettes des provinces de France" D.Weber, Bordas, 1979

"Le goût de la France" Robert Freson, Flammarion

"Le meilleur et le plus simple de Robuchon" Joël Robuchon, Robert Laffont, 1992

"Les recettes de la Riviera" Alain Ducasse, Albin Michel, 1997

"Méditerranée, cuisine de l'essentiel" Alain Ducasse, Hachette, 1996

"Le grand livre de cuisine d' Alain Ducasse", Les Éditions d' Alain Ducasse, 2003

"L'amateur de cuisine" Jean-Philippe Derenne, Stock, 1996

"La cuisine vagabonde" Jean-Philippe Derenne, Fayard Mazarine, 1999

"Les carnets de Michel Bras" Éditions du Rouergue, 1993

"Les 100 recettes des bistrots parisiens" Claude Lebey, Robert Laffont, 1988

"La journée chocolat" Yannick Lefort, Hachette, 1996

"Dictionnaire de l'art culinaire française" Manfred Höfler, Edisud, 1996

"Mots en bouche, la gastronomie, une petite anthologie littéraire" Les Éditions du Carrousel, 1998

"Dictionnaire des mots de la table" Tristan Hordé, Éditions Sud Ouest, 2004
"Aventure de la cuisine française" Bénédict Beaugé, Nil éditions, 1999
"Les mots d'origine gourmande" Colette Guillemard, Belin, 1993
"Mots de table, mots de bouche" Claudine Brécourt-Villars, Stock, 1997
"Les mots de la cuisine et de la table" Colette Guillemard, Belin, 1990
"Histoire de la cuisine et des cuisiniers" E. Neirinck, J-P. Poulain, Editions Jacques Lanore, 1997
"Histoire du goût" Pauline Blancard, De Vecchi, 2010
"Mots de cuisine" Emmanuell Maisonneuve, Jean-Claude Renard, Buchet Chastel, 2005
"Traductor pratico culinario" Antonio Moll, Biblos Balear, S.A
"Les légumes oubliés" Élisabeth Scotto, Éditions du Chêne, 1995
"Dictionnaire des difficultés de la langue française" Adolphe Thomas et Larousse, 2004
"Nouveau dictionnaire des difficultés du français moderne" Joseph Hanse, 1989
"Le bon usage" Maurice Grevisse, 1997
"Le petit Robert de la langue française" 2011, 2010
"Dictionnaire Robert des difficultés du français" Jean-Paul Colin, 1997
"Bistronomiques" Editions Minerva, 2006
『ロベール仏和大辞典』小学館 1988
『世界有用植物事典』平凡社 1989
『日本産魚名大辞典』日本魚類学会編、三省堂 1981
『フランス食の事典』日仏料理協会編、白水社 2000
『フランス料理仏和辞典』イトー三洋株式会社 1987
『新フランス料理用語辞典』日仏料理協会編、白水社 2011
『洋菓子用語辞典』千石玲子、千石禎子、吉田菊次郎、白水社 1989
『料理和仏辞典』イトー三洋編集部、イトー三洋株式会社 1998
『ボキューズのフランス料理入門』ポール・ボキューズ、柴田書店 1984
『簡素な料理』ベルナール・パコー、柴田書店 1993
『メッセゲ氏の薬草療法』モーリス・メッセゲ、自然の友社 1980
『おいしい野菜』ジャン＝マリー・ペルト、晶文社 1996
そのほか、フランスのレストランで出されるメニュー

料理とデザート

アーティチョーク

アーティチョーク	artichaut (アルティショー)
アーティチョークのポワヴラード	artichauts à la poivrade (アルティショー ア ラ ポワヴラード)
アーティチョークの芯のバター煮	fonds d'artichaut étuvés au beurre (フォン ダルティショー エテュヴェ オ ブール)
アーティチョークのソテー	sauté d'artichauts (ソテ ダルティショー)
アーティチョークのバリグール風	artichauts à la barigoule (アルティショー ア ラ バリグール)
アーティチョークのピュレ	purée d'artichauts (ピュレ ダルティショー)
アーティチョークのファルシ	fonds d'artichaut farcis (フォン ダルティショー ファルシ)
アーティチョークのマリネ、ギリシャ風	artichauts à la grecque (アルティショー ア ラ グレック)
アーティチョークのラグー	artichauts en ragoût (アルティショー アン ラグー)
アーティチョークのフリット	artichauts frits (アルティショー フリ)
アーモンド	amandes (アマンド)
アーモンド添え、入り、風味	...aux amandes (オ ザマンド)
ローストアーモンド添え	...aux amandes grillées (オ ザマンド グリエ)
かりかりアーモンド添え	...aux amandes croustillantes (オ ザマンド クルスティヤント)
ビターアーモンドのジュ	jus d'amande amère (ジュ ダマンド アメール)
アーモンドのタルト	tarte aux amandes (タルト オ ザマンド)
ビターアーモンドのソルベ	sorbet aux amandes amères (ソルベ オ ザマンド アメール)

アヴォカド

アーモンドオイル風味	...à l'huile d'amande
アーモンドミルク風味	...au lait d'amande
アーモンドミルクのアイスクリーム	glace au lait d'amande
アイオリ	aïoli
アイオリ添え	...à l'aïoli
アイスクリーム	glace
アイスクリームいろいろ	glaces diverses
アイスクリームの盛り合わせ	glace panachée
型入りアイスクリーム	glace moulée
自家製アイスクリームとソルベ	glaces et sorbets faits maison
アイスプラント、フィコイド・グラシヤル	ficoïde glaciale
アイリッシュ・シチュー	irish stew
アヴォカド	avocat
アヴォカドの薄片	fines lamelles d'avocat
アヴォカドの蟹詰め	avocats farcis au crabe
アヴォカドのタルタル	tartare d'avocat
アヴォカドの冷たいヴルーテ	velouté glacé à l'avocat
アヴォカドの冷たいクリームポタージュ	crème froide d'avocats

アヴォカド

アヴォカドのバヴァロワ	bavarois d'avocat
青のり風味、青のり添え	...aux cheveux de mer
赤いベリー、赤い果実	fruits rouges*

* fruits rouge を直訳すると「赤い果実」だが、りんごやすももなどは赤くてもこの中に含まれない。赤いベリー類を指す言葉。

赤いベリーのクーリ	coulis de fruits rouges
赤いベリーのグラタン	gratin de fruits rouges
赤いベリーのジュレ	gelée de fruits rouges
赤いベリーのトゥルト	tourte aux fruits rouges
赤や黒のベリーのクロカン	croquants de fruits rouges et noirs
赤いんげん豆、キドニービーンズ	haricots rouges
赤いんげん豆のエテュヴェ	haricots rouges à l'étuvée
あかざ添え	...aux chénopodes
	...aux épinards sauvages
赤ワイン	vin rouge
赤ワイン風味	...au vin rouge
赤ワインのスュック	... suc de vin rouge
赤ワインのレデュクション	...réduction de vin rouge

アスパラガス

あさつき、シブレット	ciboulette _{シブレット}
あさつき風味	…aux ciboulettes _{オ シブレット}
あさり	palourdes _{パルールド}
	clovisses（地中海での呼び名） _{クロヴィス}
あさり添え、あさり入り	…aux palourdes _{オ パルールド}
あさりのスープ	soupe aux palourdes _{スープ オ パルールド}
あじ	carangue _{カラング}
	chinchard（パリでの呼び名） _{シャンシャール}
新鮮なあじのサラダ	carangue fraîche en salade _{カラング フレーシュ アン サラド}
アシ・パルマンティエ	hachis Parmentier _{アシ パルマンティエ}
あずき	haricots rouges _{アリコ ルージュ}
あずき入り	…aux haricots rouges _{オ アリコ ルージュ}
アスパラガス	asperges _{アスペルジュ}
グリーンアスパラガス	asperges vertes _{アスペルジュ ヴェルト}
グリーンアスパラガス添え	…aux asperges vertes _{オ ザスペルジュ ヴェルト}
グリーンアスパラガスのとろりクリームポタージュ	crème fondante d'asperges vertes _{クレーム フォンダント ダスペルジュ ヴェルト}
グリーンアスパラガスのポワレ	asperges vertes poêlées _{アスペルジュ ヴェルト ポワレ}

アスパラガス

グリーンアスパラガスのロティ	asperges vertes rôties
太いグリーンアスパラガス	grosses asperges vertes
ホワイトアスパラガス	asperges blanches
ホワイトアスパラガス添え	…aux asperges blanches
ホワイトアスパラガスのポシェ	asperges blanches pochées
アスパラガスの穂先	pointes d'asperges
アスパラガスの穂先のクリームあえ	pointes d'asperges à la crème
アスパラガスの穂先のバターあえ	pointes d'asperges au beurre
アスパラガスのヴィネグレット風味	asperges à la vinaigrette
アスパラガスのヴルーテ	velouté d'asperges
アスパラガスの軽いラグー	ragoût fin d'asperges
アスパラガスのグラタン	asperges au gratin
アスパラガスのソース・オランデーズ添え	asperges, sauce hollandaise
アスパラガスの溶かしバター添え	asperges au beurre fondu
アスパラガスのパン粉揚げ	asperges à la polonaise
	asperges à la mie de pain frites
アスパラガスのふんわりガトー	gâteau moelleux d'asperges

アルガンあぶら

アスペルジュ・ソヴァージュ添え	…aux asperges sauvages
アスパラガスのクリームポタージュ	crème Argenteuil*

＊アスパラガスの料理につける名称。アルジャントゥイユ町（イル・ドゥ・フランス地方）が、12世紀以来アスパラガスの名産地であることから。

あつけしそうのポワレ	poêlée de salicorne
あなご	congre
あなごのベニェ	beignets de congre
アニス	anis
アニス風味	…à l'anis
アブルーガ*	avruga

＊スカンジナビアニシンを原料とするキャヴィア風加工品の商標。キャヴィアの形状やテクスチャーに似てつくられているが、魚卵ではない。

アブルーガ添え	…à l'avruga
甘酸っぱい風味で	…en aigre-doux
	…à l'aigre-doux
アマランサスの葉添え	…aux feuilles d'amarante
〜の網脂包み	〜en crépine
アリサ	harissa
アリサ添え	… avec harissa
アルガン油風味	…à l'huile d'argan

アルファルファ

アルファルファ	alfalfa
	luzerne
アルファルファ添え	...aux pousses d'alfalfa
アルマニャック風味	...à l'armagnac
アロマート*添え	...aux aromates

＊アロマート aromate は「香りをつける食材」を示す。ハーブ、スパイス、香味野菜に対して広く使われる。

泡	écume
	mousse
柑橘の泡添え	...à l'écume aux agrumes
スダチの泡	écume aux agrumes "sudachi"
海水の泡	écume d'eau de mer
ベーコン風味の泡	écume au lard fumé
栗風味の泡	écume de châtaignes
牛乳の泡添え	...à la mousse de lait
あわび	ormeau
あわびのステーキ	steak d'ormeau
あわび茸のプロヴァンス風	oreillettes provençales
淡雪卵	blancs à la neige

あんず

あん肝	foie de lotte
あん肝のテリーヌ	foie de lotte en terrine
あんこう*	lotte
	lotte de mer

*魚名は baudroie。lotte は通称で、食材やメニュー用語として使われる。市場では、頭を落としたものが queue de lotte の名で流通している。

あんこうのメダイヨン	médaillons de lotte
あんこうの赤ワイン煮	lotte de mer au vin rouge
あんこうのアメリケーヌ	lotte à l'américaine
あんこうのグリエ	lotte de mer grillée
あんこうのソテー煮込み	sauté de lotte
あんこうのピカタ	piccata de lotte
あんこうの丸ごとロティ	lotte entière rôtie
あんず	abricot
あんず風味	...à l'abricot
あんず入り、あんず添え	...aux abricots
あんずのアイスクリーム	glace à l'abricot
	glace abricot
あんずの温かいコンポート	compote d'abricots tièdes

あんず

あんずのクーリ添え	...au coulis d'abricots
あんずのコンフィチュール	confiture d'abricots
あんずのソース	sauce à l'abricot
	sauce abricot
あんずのソルベ	sorbet à l'abricot
	sorbet abricot
あんずのタタン	tatin d'abricots
あんずのタルト	tarte aux abricots
あんずのチャツネ添え	...au chutney d'abricots
アンゼリカ	angélique
アンゼリカの砂糖漬け	angélique confite
アンチョビ	anchois
アンチョビ添え、アンチョビ風味	...aux anchois
アンチョビソース	sauce aux anchois
アンチョビのフィレ	filets d'anchois
アンチョビのフィレのマリネ	filets d'anchois marinés
アンチョビバター	beurre d'anchois
アンディーヴ、ベルギーチコリ	endives

いか

アンディーヴ添え	...aux endives
アンディーヴとハムの煮込み	endives au jambon
アンディーヴのコンフィ	confit d'endives
アンディーヴのサラダ	salade d'endives
アンディーヴのブレゼ	endives braisées
アンディーヴのムニエル	endives à la meunière
小さいアンディーヴ	petites endives
アンドゥイエット	andouillette
アンドゥイエットのグリエ	andouillette grillée
豚足のアンドゥイエット	andouillette de pied de porc
〜のアンフュジョンで	...à l'infusion de 〜
いか*、するめいか、やりいか	calmar, calamar
	encornet

* calmar（calamar）も encornet も、筒いか（やりいかやするめいかなど）に用いられる。ただし encornet は、甲いかやたこを指すこともある。calmar がより一般的。

甲いか	seiche
	sépia
小さい甲いか（マルセイユでの呼び名）	supion
いかのグリエ	calmar grillé

いか

甲いかのグリエ	seiche grillée
甲いかのバター焼き	seiche poêlée au beurre
いかのファルシ	calmar farci
小いかのフリット	petits calmars frits
いかのポワレ	calmar poêlé
甲いかのさっとポワレ	seiche juste poêlée
甲いかのフリット	seiche frite
小さい甲いかの墨煮	petites seiches à l'encre
小さい甲いかのフライ	petites seiches frites
いか墨風味	...à l'encre
いか墨のリゾット	risotto à l'encre |//
いくら	œufs de saumon
いくら添え	...aux œufs de saumon
いさき	"Isaki", poisson "isaki"
	pristipome
いさきのグリエ	pristipome grillé
いしもち	"Ishimochi", poisson "ishimochi"
	sciène

いしもちのグリエ	scième grillée
伊勢えび	langouste
伊勢えびのグリエ	langouste grillée
伊勢えびのテルミドール	langouste thermidor
伊勢えびのバヴァロワ	bavarois de langouste
伊勢えびのパリ風	langouste à la parisienne
伊勢えびのフイユテ	feuilleté de langouste
伊勢えびのマヨネーズあえ	langouste à la mayonnaise
伊勢えびのメダイヨン	médaillons de langouste
いそぎんちゃく	anémone de mer
いそぎんちゃくのベニエ	beignets d'anémone de mer
イタリアンパセリ	persil plat
イタリアンパセリ風味	…au persil plat
イタリアンパセリの素揚げ	persil plat frit
イタリアンパセリのスュック	suc de persil plat
いちご	fraises
いちご入り、いちご添え	…aux fraises

いちご

いちごのアイスクリーム	glace aux fraises
	glace à la fraises
いちごの果汁	jus de fraise
温かいいちご果汁添え	...au jus de fraise tiède
いちごのカプチーノ	cappuccino de fraises
いちごのクーリ添え	...au coulis de fraises
いちごのグラタン	gratin de fraises
いちごのコンフィテュール	confiture de fraises
いちごのコンポート	compote de fraises
いちごのシャンティイクリーム添え	fraises à la chantilly
いちごのジュレの中に	...en gelée de fraise
いちごのスフレ	soufflé aux fraises
いちごのソース	sauce aux fraises
いちごのソルベ	sorbet à la fraise
	sorbet fraise
いちごのタルト	tarte aux fraises
いちごのベニェ	beignets de fraise
いちごのムース	mousse aux fraises

いのしし

いちごのムース・グラッセ	mousse glacée à la fraise
いちごのロティ	rôti de fraises
果汁に漬けたいちご	fraises macérées dans leur jus
いちじく	figue
生いちじく添え	...aux figues fraîches
温かいいちじく	figue servie tiède
いちじくのロティ	figue rôtie
いちじくの丸ごとロティ	figue rôtie entière
ローズマリーを刺したいちじく	figue piquée d'aiguilles de romarin
いちじくの揚げ春巻き	nems de figues
半生いちじくのコンフィチュール	confiture de figues mi-séchées
イドロメル風味	...à l'hydromel
いのしし	sanglier
いのししのシヴェ	civet de sanglier
いのししのユール（頭肉のゼリー寄せ）	hure de sanglier
仔いのしし	marcassin
仔いのししのロティ	marcassin rôti

いのしし

仔いのしし骨付き背肉のポワレ	côtelettes de marcassin poêlées
仔いのしし背肉のサン・テュベール風	côtelettes de marcassin à la Saint-Hubert
いらくさ風味	…à l'ortie
イル・フロタント*	île flottante

＊「浮き島」の意。極地に浮かぶ流氷の塊をイメージしたネーミングで、大きなメレンゲの塊一個をクレームに浮かせたデザート。対して、ウ・ア・ラ・ネージュは数個のメレンゲ小塊で構成。

イル・フロタントのキャラメルソースかけ	île flottante au caramel
いわし	sardine
いわしのエスカベッシュ	escabèche de sardines
いわしのファルシ	sardine farcie
いわしのフィレのオリーヴ油漬け	filets de sardine à l'huile d'olive
いわしのフィレのグラタン	gratin de filets de sardine
いわしのフリット	sardines frites
いわしのリエット	rillettes de sardines
オイルサーディン	sardines à l'huile
生いわしのテリーヌ	terrine de sardines crues
いわな	omble
いわなのムニエル	omble à la meunière

ヴィネガー

ヴァシュラン	vacherin (ヴァシュラン)
ヴァシュラン・グラッセ	vacherin glacé (ヴァシュラン グラッセ)
ヴァニラ風味	...à la vanille (ア ラ ヴァニーユ)
ブルボンヴァニラ風味	...à la vanille Bourbon (ア ラ ヴァニーユ ブルボン)
ヴァニラアイスクリーム	glace à la vanille (グラス ア ラ ヴァニーユ)
	glace vanille (グラス ヴァニーユ)
ヴァニラ風味のソース	sauce à la vanille (ソース ア ラ ヴァニーユ)
	sauce vanille (ソース ヴァニーユ)
ブルボンヴァニラ風味のクーリ	coulis à la vanille bourbon (クーリ ア ラ ヴァニーユ ブルボン)
ウ・ア・ラ・ネージュ	œufs à la neige (ウ ア ラ ネージュ)
ヴァン・ドゥ・ノワ風味、くるみ酒風味	...au vin de noix (オ ヴァン ドゥ ノワ)
ヴィシソワーズ	vichyssoise (ヴィシソワーズ)
冷たいヴィシソワーズ	vichyssoise glacée (ヴィシソワーズ グラッセ)
ヴィネガー、酢	vinaigre (ヴィネーグル)
赤ワインヴィネガー	vinaigre de vin rouge (ヴィネーグル ドゥ ヴァン ルージュ)
白ワインヴィネガー	vinaigre de vin blanc (ヴィネーグル ドゥ ヴァン ブラン)
ヴィネガー風味、...の酢漬け	...au vinaigre (オ ヴィネーグル)
熟成ヴィネガー風味	...au vinaigre vieux (オ ヴィネーグル ヴィユー)

ヴィネガー

シェリーヴィネガー風味	...au vinaigre de xérès
シードルヴィネガー風味	...au vinaigre de cidre
シュシェンヴィネガー風味	...au vinaigre de chouchen
バルサミコヴィネガー (→ p.176) 風味	...au vinaigre balsamique
蜂蜜ヴィネガー風味	...au vinaigre de miel
フランボワーズヴィネガー風味	...au vinaigre de framboise
米酢風味	...au vinaigre de riz
赤ワインヴィネガーソース	sauce au vinaigre de vin rouge
ヴィネグレット	vinaigrette
〜のヴィネグレットあえ	〜en vinaigrette
ヴィネグレット添え、ヴィネグレット風味	...à la vinaigrette
オリーブ油とレモンのヴィネグレット	vinaigrette à l'huile d'olive et au citron
オレンジ風味のヴィネグレット	vinaigrette à l'orange
柑橘風味のヴィネグレット	vinaigrette d'agrumes
トリュフ風味のヴィネグレット	vinaigrette truffée

うさぎ

パッションフルーツ風味のヴィネグレット	vinaigrette aux fruits de la Passion
マスタード風味のヴィネグレット	vinaigrette moutardée
ウーロン茶風味	...au thé oolong
ヴェルヴェーヌ風味	...à la verveine
ヴェルヴェーヌとレモングラスの風味	...à la verveine-citronnelle
ヴェルヴェーヌのアイスクリーム	glace verveine
ヴェルジュ風味	...au verjus
ヴェルミセル、ヴァーミセリ	vermicelles
ヴェルミセル入り	...aux vermicelles
ヴェルミセルのスープ	soupe aux vermicelles
ヴェルモット風味	...au vermouth
ヴォロヴァン*のフィナンシエール風	vol-au-vent financière

＊語の由来は、「風に飛ぶ s'envole au vent」。折りパイで作った円形の大きなパイ（中のくぼみに具を入れる）のことで、その"軽さ"が名称に。カレームが19世紀初頭に創作。

うさぎ	lapin
穴うさぎ	lapin de garenne
仔うさぎ	lapereau

うさぎ

うさぎ背肉のロティ	râble* de lapin rôti

* râble はうさぎや野うさぎの背から腰にかけての肉厚の部分。うさぎ専用の「背肉」の言い方。

うさぎのジブロット	lapin en gibelotte
	giblotte de lapin
うさぎのシャッスール風	lapin chasseur
うさぎのフリカッセ	lapin en fricassée
うさぎのリエット	rillettes de lapin
うさぎのシヴェ	lapin en civet
仔うさぎのもも肉、ジュ添え	gigot de lapereau au jus
野うさぎ	lièvre
野うさぎ背肉	râble de lièvre
野うさぎ背肉のロティ	râble de lièvre rôti
野うさぎのシヴェ	civet de lièvre
野うさぎのテリーヌ	terrine de lièvre
野うさぎのフィレ肉	filet de lièvre
野うさぎのロワイヤル風	lièvre à la royale
うし、牛肉	bœuf
〜牛（例・米沢牛）のステーキ	steak de bœuf de Yonezawa

うし

和牛	wagyu (ワギュ)
牛フィレ肉のブロシェット（串焼き）	brochettes de filet de bœuf (ブロシェット ドゥ フィレ ドゥ ブフ)
牛フィレ肉のウェリントン風	bœuf Wellington (ブフ ウェリントン)
牛フィレ肉のブリオシュ包み	filet de bœuf en brioche (フィレ ドゥ ブフ アン ブリオーシュ)
牛フィレ肉のポワレ	filet de bœuf poêlé (フィレ ドゥ ブフ ポワレ)
牛フィレの芯肉	cœur de filet de bœuf (クール ドゥ フィレ ドゥ ブフ)
アロワイヨーのロティ	aloyau rôti (アロワイヨー ロティ)
アントルコート（リブロース）のポワレ	etntrecôte poêlée (アントルコート ポワレ)
アントルコート（リブロース）のグリエ	entrecôte gillée (アントルコート グリエ)
アントルコートのステーキ、メートル・ドテル風	entrecôte maître d'hôtel (アントルコート メートル ドテル)
アントルコートのミニッツステーキ	entrecôte minute (アントルコート ミニュット)
サーロインのロティ	contre-filet rôti (コントルフィレ ロティ)
トゥールヌドのグルメ風	tournedos des gourmets (トゥルヌド デ グルメ)
トゥールヌドのロッシーニ風	tournedos Rossini (トゥルヌド ロッシーニ)
牛骨付き背肉のロティ	côte de bœuf rôtie (コート ドゥ ブフ ロティ)
牛骨付き背肉のおき火焼き	côte de bœuf sur la braise (コート ドゥ ブフ スュル ラ ブレーズ)
牛骨付き背肉のグリエ	côte de bœuf grillée (コート ドゥ ブフ グリエ)

うし

牛肩ロース肉のポワレ	paleron de bœuf poêlé
牛バヴェット、エシャロット風味	bavette de bœuf à l'échalote
牛バヴェットのステーキ	steak de bavette
牛ほほ肉の煮込み	joue de bœuf en daube
牛ランプステーキ	rumsteck
	romsteak
牛肉のウォック	wok de bœuf
牛肉の薄切り（部位はどこでも可）	pièce de bœuf
牛肉のエストゥファード	estouffade de bœuf
牛肉のカルパッチョ、ケイパーとパルメザンチーズ添え	carpaccio de bœuf aux câpres au parmesan
牛肉のグリヤード	grillade de bœuf
牛肉のタルタル	tartare de bœuf
牛肉のドーブ	daube de bœuf
牛肉のア・ラ・モード	bœuf à la mode
牛肉のパイヤール	paillard de bœuf
牛肉のフィセル	bœuf à la ficelle
牛肉のブレゼ	bœuf braisé

うし

牛肉のポーピエット	paupiettes de bœuf （ポーピエット　ドゥ　ブフ）
牛肉のミートボール	boulettes de bœuf （ブーレット　ドゥ　ブフ）
牛肉のラグー	ragoût de bœuf （ラグー　ドゥ　ブフ）
牛ゆで肉	bœuf bouilli （ブフ　ブイイ）
	bouilli de bœuf （ブイイ　ドゥ　ブフ）
牛ゆで肉、粗塩添え	bœuf gros sel （ブフ　グロ　セル）
ビーフステーキ	bifteck （ビフテック）
	beefsteak* （ビーフステック）
ペッパーステーキ	steak au poivre （ステック　オ　ポワーヴル）
ステーク・フリット	steak* frites （ステック　フリット）

* beefsteak と同義。steak tartare（タルタルステーキ）といった料理名に使われるほか、「ステーキ用の肉片」の意味もある。より厚い肉片が chateaubriand、さらに厚いと pavé。

牛鼻面肉のヴィネグレットあえ	museau de bœuf en vinaigrette （ミュゾー　ドゥ　ブフ　アン　ヴィネグレット）
牛舌	langue de bœuf （ラング　ドゥ　ブフ）
牛トリップのカン風	tripes* à la mode de Caen （トリップ　ア　ラ　モード　ド　カン）

* tripes は食用にする動物の胃腸。とくに牛、仔牛、羊など反芻動物の胃を指し、それを使った料理も指す。つねに複数形。

牛トリップのトマト風味	tripes à la tomate （トリップ　ア　ラ　トマト）
牛の胃袋のカツレツ	tablier de sapeur （タブリエ　ドゥ　サプール）

うし

牛の胃袋のリヨン風	gras-double* de bœuf à la lyonnaise (グラ ドゥーブル ドゥ ブフ ア ラ リヨネーズ)

* gras-double は「脂 gras」が「2 倍 double」の意。牛の胃袋のなかでも脂肪の多い、第一胃を指す。

うずら	caille (カイユ)
うずらの串焼き	caille à la broche (カイユ ア ラ ブロッシュ)
うずらのグリエ	caille grillée (カイユ グリエ)
うずらのグリエ、クラボディーヌ風	caille grillée en crapaudine (カイユ グリエ アン クラボディーヌ)
うずらの詰め物	caille farcie (カイユ ファルシ)
うずらの手羽肉	ailes de caille (エル ドゥ カイユ)
うずらのぶどう栽培者風	caille à la vigneronne (カイユ ア ラ ヴィニュロンヌ)
うずらのぶどう添え	caille aux raisins (カイユ オ レザン)
うずらのぶどうの葉包み	caille aux feuilles de vigne (カイユ オ フイユ ドゥ ヴィーニュ)
うずらのロティ	caille rôtie (カイユ ロティ)
うずら卵添え	...à l'œuf de caille (単数) (ア ルフ ドゥ カイユ)
	...aux œufs de caille (複数) (オ ズ ドゥ カイユ)
うずら卵のカラメリゼ	œufs de caille caramélisés (ウ ドゥ カイユ カラメリゼ)
うずら卵の目玉焼き	œuf de caille cuit au plat (ウフ ドゥ カイユ キュイ オ プラ)
うつぼ	murène (ミュレーヌ)

うみのさち

うつぼのフリット	tranches de murène frites
うなぎ	anguille
うなぎの串焼き	anguille à la broche
うなぎのグリエ	anguille grillée
うなぎの燻製	anguille fumée
うなぎの稚魚	alevins d'anguille
	civelles
	pibales（フランス南西部での呼び名）
うなぎのマトロート	matelote d'anguille
うに	oursins
うにの身	langues d'oursin
うに添え	...aux oursins
〜のうに殻詰め	〜en coque d'oursin
うにのソース	sauce oursinade
うにのジュレ	oursins en gelée
馬肉	viande de cheval
馬肉のカルパッチョ	carpaccio de cheval
海の幸	fruits de mer

うみのさち

海の幸入りソース	sauce aux fruits de mer
海の幸の温かいサラダ	salade tiède de fruits de mer
海の幸のサラダ	salade de fruits de mer
海の幸のブッシェ	bouchée aux fruits de mer
海の幸のフリカッセ	fricassée de fruits de mer
海の幸のポトフ	pot-au-feu de mer
えい	raie
えいのケイパーソース	raie sauce aux câpres
えいヒレのブール・ノワール添え	aile de raie au beurre noir
えいヒレのブール・ノワゼット添え	aile de raie au beurre noisette
エクルヴィス、ザリガニ	écrevisses
エクルヴィスの身入り	...aux queues d'écrevisse
エクルヴィスの身のグラタン	gratin de queues d'écrevisse
エクルヴィスのヴルーテ	velouté d'écrevisses
エクルヴィスのクリームスープ	soupe crémeuse d'écrevisses
エクルヴィスのサラダ	salade d'écrevisses
エクルヴィスのテリーヌ	terrine d'écrevisses
エクルヴィスのナージュ	écrevisses à la nage

エスカルゴ

エクルヴィスのボルドー風	écrevisses à la bordelaise
エクルヴィスの身入りソース	sauce aux queues d'écrevisse
エクルヴィスのソース	sauce aux écrevisses
エクルヴィスバター	beurre d'écrevisses
エクレア	éclair
コーヒーエクレア	éclair au café
コーヒーとチョコレート味のエクレア	éclair café et chocolat
チョコレートエクレア	éclair au chocolat
エシャロット	échalotes
新エシャロット	échalotes nouvelles
エシャロット風味	...à l'échalote
エシャロット添え	...aux échalotes
エシャロットのコンフィ添え	...aux échalotes confites
エシャロットのクーリ	coulis d'échalotes
エシャロットのポワレ添え	...à la poêlée d'échalotes
〜の**エスカベーシュ**	〜en escabèche
エスカルゴ	escargots
エスカルゴのプティ・サレ	petit salé d'escargots

エスカルゴ

エスカルゴのブルゴーニュ風	escargots à la bourguignonne
エスカルゴのブレゼ	escargots braisés
エスカルゴバター	beurre pour escargots
	beurre d'escargot
〜のエストゥッファード	〜en estouffade
エストラゴン	estragon
エストラゴン風味	...à l'estragon
エスプーマ*	émulsion siphonée
	espuma

*スペイン語で「泡」。サイフォンという器具を使って液状素材にガスを注入し、乳化させてつくったムース。mousse au siphon などとも表現されている。

ココナッツミルクのエスプーマ	émulsion siphonée au lait de coco
青りんごのエスプーマ	espuma de pommes vertes
エスプーマクリーム添え	...à la crème siphonnée
ジャガイモのエスプーマ	mousse de pommes de terre au siphon
エスプレッソのサバイヨン	café espresso en sabayon
エスプレットとうがらし	piment d'Espelette

えび

エスプレットとうがらし風味	...au piment d'Espelette
エスプレット風味のクレーム添え	...à la crème d'Espelette
エスプレットとうがらしのジュレ	gelée de piment d'Espelette
枝豆	sojas vertes
だだちゃ豆	sojas "dadacha-mame"
えび、小えび	crevettes
クルヴェット・ローズ	crevettes roses
クルヴェット・グリーズ	crevettes grises
車えび	crevettes "kuruma-ebi"
天使のえび、オブシブルーえび	obsiblues
	crevettes obsiblues
ガンバえび	gambas
小えびのカクテル	cocktail de crevettes
小えびのカナッペ	canapés aux crevettes
小えびのクリームスープ	crème de crevettes
小えびのコキール	coquilles de crevettes au gratin
小えびのサラダ	salade de crevettes
小えびのタルタル	tartare de crevettes

えび

小えびのマヨネーズあえ	crevettes mayonnaise
小えびのムース	mousse de crevettes
小えびのソース	sauce aux crevettes
	sauce crevettes
アヴォカドと小えびのカクテル	cocktail d'avocat crevettes
ガンバえびのウォック	wok de gambas
エミュルション	émulsion
魚のジュのエミュルション	jus de poisson émulsionné
紫マスタード風味のエミュルション	émulsion à la moutarde violette
セロリのジュのエミュルション	jus de céleris émulsionné
コーヒー風味のエミュルション	émulsion café
オイスターソース風味	...à la sauce d'huître
〜のオーブン焼き	〜au four
オールスパイス	poivre de la Jamaïque
オールスパイス風味	...au poivre de la Jamaïque
おくら添え	...aux gombauts
	...aux gombos
オゼイユ、すかんぽ	oseille

オマール

オゼイユ入り、オゼイユ風味	...à l'oseille
オゼイユのピュレ添え	...à la purée d'oseille
オゼイユ入りソース	sauce à l'oseille
オックステイル	queue de bœuf
オックステイルのグリエ	queue de bœuf grillée
オックステイルのスープ	soupe à la queue de bœuf
オックステイルのブレゼ、網脂包み	queue de bœuf braisée en crépine
オッソ・ブッコ	osso-buco, osso buco
オニオングラタンスープ	soupe à l'oignon gratinée
	gratinée à l'oignon
おひょう	flétan
おひょうのフリット	flétan frit
オマール、ロブスター	homard
殻つきオマール	homard à la coque
オマールのアスピック	aspic de homard
オマールのアメリケーヌ	homard à l'américaine
オマールのヴルーテ	velouté de homard
オマールのオモニエール	aumônière de homard

オマール

オマールのカクテル	cocktail de homard
オマールのグリエ	homard grillé
オマールのコンソメ	consommé de homard
オマールのサラダ	salade de homard
オマール一尾のサラダ	homard entier en salade
オマールのサルピコン添え	...au salpicon de homard
オマールのシヴェ	civet de homard
オマールのスフレ	soufflé de homard
オマールのテルミドール風	homard thermidor
オマールのナヴァラン	navarin de homard
オマールのニューバーグ風	homard à la Newburg
オマールのビスク	bisque de homard
オマールのブーダン	boudin de homard
オマールのフリカッセ、シャンパーニュ風味	fricassée de homard au champagne
オマールのムスリーヌ	mousseline de homard
オマールのメダイヨン	médaillons de homard
オマールのロティ	homard rôti

オムレツ

オマールの輪切りのヴァプール	rouelles* de homard à la vapeur

*roue（車輪）の形をした厚い切り身。本来、仔牛の骨つきもも肉の輪切りを指していたが、今は野菜、魚介類などに広く用いられる。

甲殻類バターでゆっくり煮たオマール	homard cuit lentement au beurre de crustacés
ブルターニュ産オマールのエギュイエット	aiguillettes de homard breton
ブルターニュ産オマールのロティ	homard breton rôti
オマールバター風味	...au beurre de homard
オムレツ	omelette
プレーンオムレツ	omelette nature
とろとろオムレツ	omelette baveuse
スパニッシュオムレツ	omelette plate à l'espagnole
スフレオムレツ	omelette soufflée
アスパラガスの穂先入りオムレツ	omelette aux pointes d'asperges
香草入りオムレツ	omelette aux fines herbes
セープ茸入りオムレツ	omelette aux cèpes
玉ねぎ入りオムレツ	omelette aux oignons
チーズオムレツ	omelette au fromage

オムレツ

トリュフ入りオムレツ	omelette aux truffes
ハム入りオムレツ	omelette au jambon
びっくりオムレツ	omelette en surprise
ベーコン入りオムレツ	omelette au lard
マッシュルーム入りオムレツ	omelette aux champignons
ハムとチーズ入りロールオムレツ	omelette roulée jambon fromage
オムレツのフランベ	omelette flambée
アイスクリーム入りオムレツケーキ	omelette norvégienne
オリーヴ	olives
黒オリーヴ	olives noires
黒オリーヴ添え	...aux olives noires
黒オリーヴ入りのカポナータ	caponate aux olives noires
黒オリーヴのピュレ添え	...à la purée d'olives noires
緑オリーヴ	olives vertes
緑オリーヴ添え	...aux olives vertes
緑オリーヴのコンディマン（薬味）	condiment olive verte
スタッフトオリーヴ	olives farcies
オリーヴ油風味	...à l'huile d'olive

オレンジ

エクストラ・ヴァージン・オリーヴ油風味	…à l'huile d'olive vierge extra
ヴァニラで香りづけしたオリーヴ油風味	…à l'huile d'olive parfumée à la vanille
オリーヴ油のアイスクリーム	glace à l'huile d'olive
オルトラン（あおじ）のロティ	ortolan rôti
オレガノ*	origan

*フランスでは、オレガノとマジョラムが混同されることが多いが、ふたつは別のもの。

オレガノ風味	…à l'origan
オレンジ	orange
ブラッドオレンジ	orange sanguine
オレンジ風味	…à l'orange
オレンジ添え、オレンジ入り	…aux oranges
オレンジの皮*	écorces d'orange

* écorce（エコルス）は内側の白いわたも含んだ皮全体、zeste（ゼスト）は皮の表面の黄色い部分のみを指す。ziste（ズィスト）は、白いわたの部分。

オレンジの表皮（オレンジピール）	zeste d'orange
オレンジの小房添え	…aux quartiers d'orange
オレンジの皮の内側のわた	ziste d'orange

オレンジ

オレンジのアイスクリーム	glace à l'orange
	glace orange
オレンジの皮の砂糖漬け	écorces d'orange confites
オレンジのコンフィチュール	confiture d'oranges
オレンジのサラダ	salade d'oranges
オレンジのジュレ	gelée d'orange
オレンジのソース	sauce à l'orange
	sauce orange
オレンジのソルベ	sorbet à l'orange
	sorbet orange
オレンジのタルト	tarte à l'orange
オレンジのぱりぱりチップス	chips d'orange
オレンジのマーマレード	marmelade d'oranges
オレンジの輪切りの軽い砂糖煮	rondelles d'orange semi-confites
オレンジ皮の砂糖漬けのジュリエンヌ添え	…à la julienne d'écorces d'orange confites
ブラッドオレンジのソルベ	sorbet oranges sanguines

かえる

貝類、貝	coquillages (コキヤージュ)
〜貝（二枚貝／例・ほっき貝）	"Hokkigai" (ホッキガイ)
	coque "hokkigai" (コック ホッキガイ)
貝のエスカベーシュ	escabèche de coquillages (エスカベーシュ ドゥ コキヤージュ)
貝のソテー煮込み	sauté de coquillages (ソテ ドゥ コキヤージュ)
貝のマリニエール	marinière de coquillages (マリニエール ドゥ コキヤージュ)
ジュでことこと煮た貝	coquillages mijotés dans un jus (コキヤージュ ミジョテ ダン ザン ジュ)
貝類のブイヨン	bouillon de coquillage (ブイヨン ドゥ コキヤージュ)
カイエンヌペッパー	poivre de Cayenne (ポワーヴル ドゥ カイエンヌ)
カイエンヌペッパー風味	…au poivre de Cayenne (オ ポワーヴル ドゥ カイエンヌ)
海藻	algue (アルグ)
海藻添え	…aux algues (オ ザルグ)
海藻のジュレで	…en gelée d'algue (アン ジュレ ダルグ)
海藻に包んで	…dans une feuille d'algue (ダン ズュヌ フイユ ダルグ)
〜の海藻蒸し	〜à la vapeur d'algue (ア ラ ヴァプール ダルグ)
スモークした海藻添え	…à l'algue fumée (ア ラルグ フュメ)
貝割れだいこん添え	…aux pousses de radis (オ プース ドゥ ラディ)
かえるのもも肉	cuisses de grenouille (キュイス ドゥ グルヌイユ)

かえる

かえるのもも肉の香草風味	cuisses de grenouille aux fines herbes
かえるのもも肉のフリット	cuisses de grenouille frites
かえるのもも肉のプロヴァンス風	cuisses de grenouille à la provençale
かえるのブランケット	blanquette de grenouilles
〜の香り*で	...à l'arome de 〜
	...aux aromes de 〜
	...au parfum de 〜
	...au fumet de 〜

*どの例も「よい香り」の意味。厳密には、parfum は鼻でかぐ匂い、arôme は素材を嚥下した後にのどから鼻に抜ける匂い、fumet は料理した肉やワインから立ち上る香気。

香りオイル風味	...à l'huile parfumée
	...à l'huile aromatisée
香り野菜添え	...aux aromates
香り野菜のブイヨン添え	...au bouillon d'aromates
カカオ豆のかけら	éclats de cacao
カカオ豆のかけら入り、を散らして	...aux éclats de cacao
カカオの香りで	...aux arômes de cacao

かき

カカオのソルベ	sorbet au cacao
	sorbet cacao
かき	huître
くぼみがき、まがき	huître creuse
くぼみがきの盛り合わせ	assiette d'huîtres creuses
ひらがき	huître plate
岩がき	"Iwagaki", huître "iwagaki"
	huître sauvage
夏がき	huître d'été
ブロンがき	belon
かき添え	...aux huîtres
温かいかき	huîtres tièdes
かきのグラタン	huîtres au gratin
かきのシャンパーニュ風味	huîtres au champagne
かきのショーフロワ	chaud-froid d'huîtres
かきのタルタル	tartare d'huîtres
かきのフイユテ	feuillté d'huîtres
かきのフリット	huîtres frites

かき

かきフライ	huîtres panées et frites
かきのベーコン巻き	huîtres au bacon
かきのベニェ	beignets d'huître
かきのポシェ	huîtres pochées
さっとポシェしたかき	huîtres juste pochées
柿	kaki
柿風味、柿添え	...au kaki（単数）
	...aux kakis（複数）
干し柿	kaki seché
干し柿のくるみ詰め	kaki seché farci de noix
かさご	rascasse
	chapon de mer
かさごのファルシ	rascasse farcie
かさごの蒸し煮、白ワイン風味	rascasse braisée au vin blanc
カシス	cassis
カシスソース	sauce au cassis
カシスのクーリ（添え）	...(au) coulis de cassis
つぶしカシスのクーリ（添え）	...(au) coulis de cassis éclatés

ガナッシュ

カシスのソルベ	sorbet au cassis
	sorbet cassis
カシューナッツ	noix d'acajou
炒ったカシューナッツ	noix d'acajou grillées
ガスパチョ	gaspacho
〜のガスパチョ仕立て	〜en gaspacho
さくらんぼのガスパチョ	gaspacho de cerises
カソナード（粗糖）風味	...à la cassonade
〜のカダイフ包み	〜en kadaïf
がちょうのコンフィ	confit d'oie
かつお	bonite
かつおのグリエ	bonite grillée
カッサータ	cassate
カスレ	cassoulet
ガトー・オ・ショコラ	gâteau au chocolat
ガナッシュ	ganache
スパイス風味のガナッシュ	ganache aux épices
ふんわりガナッシュ	ganache fouettée

ガナッシュ

ビターチョコレートのガナッシュ	ganache au chocolat amer
ホワイトチョコレートのガナッシュ	ganache au chocolat blanc

カナッペ

カナッペ	canapés
アンチョビのカナッペ	canapés aux anchois
キャヴィアのカナッペ	canapés au caviar
スモークサーモンのカナッペ	canapés au saumon fumé
まぐろとアヴォカドのカナッペ	canapés au thon et à l'avocat

かに

かに	crabe
〜がに（例・けがに）	crabe "kegani"
ずわいがに	crabe "zuwaigani"
アラスカ産かに	crabe d'Alaska
ソフトシェルクラブ	crabes mous
ストーンクラブ	crabe de pierre
かに肉	chair de crabe
かにのアスピック	aspic de crabe
かにの海藻包み焼き	crabe rôti dans une feuille d'algue
かにのカネロニ	cannelloni de crabe
かにのサラダ	salade de crabe

カフェ・リエジョワ

かにの冷たいポタージュ	potage glacé au crabe
かにのフリット	crabe frit
カヌレ	cannelés
詰め物をしたカネロニ	cannelloni farci
肉入りのカネロニ	cannelloni à la viande
ハーブ入りのカネロニ	cannelloni d'herbes
フロマージュ・フレのカネロニ	cannelloni de fromage frais
かぶ	navet
かぶ添え	...aux navets
小かぶ添え	...aux petits navets
葉付きかぶ添え	...aux navets fanes
やわらかいかぶ	tendres navets
かぶのエテュヴェ	navets étuvés
かぶのグラタン	navets au gratin
かぶのコンフィ添え	...aux navets confits
かぶのピュレ添え	...à la purée de navets
新かぶのサラダ	salade de navets nouveaux
カフェ・リエジョワ	café liégeois

かぼちゃ

かぼちゃ*	courge (クールジュ)
	potiron (ポティロン)
	citrouille (シトゥルイユ)

＊いろいろな種類、言葉がある。courge（かぼちゃ類）、potiron（西洋かぼちゃ）、citrouille（ぺぼかぼちゃ）。料理名としては potiron を使うことが多い。

かぼちゃのグラタン	gratin de potiron (グラタン ドゥ ポティロン)
かぼちゃのクリームポタージュ	crème de potiron (クレーム ドゥ ポティロン)
かぼちゃのスープ	soupe de potiron (スープ ドゥ ポティロン)
かぼちゃのポタージュ	potage au potiron (ポタージュ オ ポティロン)
ハロウィーンのかぼちゃケーキ	gâteau au potiron d'Halloween (ガトー オ ポティロン ダロウィン)
栗かぼちゃ	potimarron (ポティマロン)
栗かぼちゃのガトー	gâteau de potimarron (ガトー ドゥ ポティマロン)
栗かぼちゃのラヴィオル	ravioles de potimarron (ラヴィヨル ドゥ ポティマロン)
カポナータ	caponata (カポナータ)
かますのグリエ	sphyrène grillée (スフィレーヌ グリエ)
カマンベール入り、風味	...au camembert (オ カマンベール)
カマンベールチーズのフリット	camembert frit (カマンベール フリ)
亀、海亀、すっぽん	tortue (トルテュ)
鴨	canard (カナール)

かも

仔鴨*、ひな鴨	caneton (カヌトン)
	canette (カネット)

*雄の仔鴨 caneton、雌の仔鴨 canette は、生後2ヶ月以内のものを指す。仔鴨を使っていても、メニュー上は鴨 canard と書くことも多い。

ルーアン鴨	canard rouennais (カナール ルアネ)
バルバリー鴨	canard de Barbarie (カナール ドゥ バルバリー)
シャラン産鴨	canard de Challans (カナール ドゥ シャラン)
	canard challandais (カナール シャランデ)
ブレス産鴨	canard de Bresse (カナール ドゥ ブレス)
窒息鴨	canard étouffé (カナール エトゥフェ)
鴨のエギュイエット	aiguillettes de canard (エギュイエット ドゥ カナール)
鴨のオレンジ風味	canard à l'orange (カナール ア ロランジュ)
鴨の血液ソース煮 (カナール・オ・サン)	canard au sang (カナール オ サン)
鴨のサラダ	salade de canard (サラド ドゥ カナール)
鴨のシヴェ	civet de canard (シヴェ ドゥ カナール)
鴨のファルシ	canard farci (カナール ファルシ)
鴨のテリーヌ	terrine de canard (テリーヌ ドゥ カナール)
鴨のテリーヌ、フォワグラ入り	terinne de canard au foie gras (テリーヌ ドゥ カナール オ フォワ グラ)
鴨のドディーヌ	dodine de canard (ドディーヌ ドゥ カナール)

かも

鴨のバロティーヌ	ballottine de canard (バロティーヌ ドゥ カナール)
鴨のビガラードソース添え	canard à la bigarade (カナール ア ラ ビガラード)
ブレス産鴨のポワレ	canard de Bresse poêlé (カナール ドゥ ブレス ポワレ)
鴨の胸肉のロティ	poitrine de canard rôtie (ポワトリーヌ ドゥ カナール ロティ)
鴨のロティ	canard rôti (カナール ロティ)
	rôti de canard (ロティ ドゥ カナール)
鴨のロティのエギュイエット	aiguillettes de canard rôti (エギュイエット ドゥ カナール ロティ)
鴨とフォワグラのパテ・アン・クルート	pâté en croûte de canard au foie gras (パテ アン クルート ドゥ カナール オ フォワ グラ)
鴨の首肉のファルシ	cou de canard farci (クー ドゥ カナール ファルシ)
鴨のマグレ（マグレ・ド・カナール）	magrets de canard (マグレ ドゥ カナール)
鴨のマグレの手切りステーキアッシェ	steak haché au couteau de magret de canard (ステック アッシェ オ クトー ドゥ マグレ ドゥ カナール)
鴨のマグレのロティ	magret de canard rôti (マグレ ドゥ カナール ロティ)
鴨のもも肉のコンフィ	cuisse de canard confite (キュイス ドゥ カナール コンフィット)
仔鴨のロティ	caneton rôti (カヌトン ロティ)
仔鴨のクラポディーヌのグリエ	caneton en crapaudine grillé (カヌトン アン クラポディーヌ グリエ)
仔鴨のドーブ	daube de caneton (ドーブ ドゥ カヌトン)

カリフラワー

小鴨、サルセル	sarcelle
小鴨のロティ	sarcelle rôtie
野鴨	canard sauvage
野鴨の串焼き	canard sauvage à la broche
野鴨のサルミ	canard sauvage en salmis
野鴨のビガラード	canard sauvage à la bigarade
野鴨のフィレのビガラードソース添え	filets de canard sauvage à la bigarade
野鴨のロティ	canard sauvage rôti
真鴨、青首鴨	colvert, col-vert
真鴨のグリーンペッパー風味	colvert au poivre vert
からすがれい	flétan noir
からすがれいのムニエール	flétan noir à la meunière
からすみ	boutargue
	poutargue
からすみ風味	...à la poutargue
ガランガ風味	...au galanga
カリフラワー	chou-fleur

カリフラワー

カリフラワーのグラタン	chou-fleur au gratin *シュー フルール オ グラタン*
カリフラワーのクリーム煮	chou-fleur à la crème *シュー フルール ア ラ クレーム*
カリフラワーのクリームポタージュ	crème de chou-fleur *クレーム ドゥ シュー フルール*
	crème Du Barry* *クレーム デュ バリー*

*ルイ15世の寵姫、デュバリー伯爵夫人の名にちなんだ言い方。カリフラワー（18世紀当時まだ珍しい野菜だった）が、ルイ15世の大好物だったことから。

カリフラワーのバターソテー	chou-fleur sauté au beurre *シュー フルール ソテ オ ブール*
カリフラワーのパン粉焼き	chou-fleur à la polonaise *シュー フルール ア ラ ポロネーズ*
	chou-fleur à la mie de pain *シュー フルール ア ラ ミ ドゥ パン*
カリフラワーのピクルス	pickles de chou-fleur *ピクルス ドゥ シュー フルール*
カリフラワーのピュレ	purée de chou-fleur *ピュレ ドゥ シュー フルール*
カリフラワーのマリネ、グレック風	chou-fleur mariné à la grecque *シュー フルール マリネ ア ラ グレック*
カリフラワーのゆで煮	chou-fleur à l'anglaise *シュー フルール ア ラングレーズ*
ガルグイユ	gargouillou *ガルグイユー*
カルダモン	cardamome *カルダモーム*
カルダモン風味	...à la cardamome *ア ラ カルダモーム*
カルダモンオイル風味	...à l'huile parfumée à la cardamome *ア リュイル パルフュメ ア ラ カルダモーム*
カルパッチョ	carpaccio *カルパッチョ*

ガレット

〜のカルパッチョ仕立て	〜en carpaccio
カルパッチョ風	...façon carpaccio
ガルビュール	garbure
カルボナード、フランドル風	carbonade à la flamande
かれい	carrelet
	plie
かれいのフリット	carrelet frit
カレー	curry
カレー風味	...au curry
〜のカレー	〜au curry
カレー粉	poudre de curry
グリーンカレー	curry vert
カレーライス	riz au curry
ガレット	galette
そば粉のガレット	galette de sarrasin
ガレット・ブルトン*	galette bretonne

＊そば粉でつくるブルターニュ地方のクレープ。メニューではたんにガレット galette とも書かれる。

ガレット

ガレット・コンプレット*	galette complète

*ガレット・ブルトンの具の組み合せの定番で、チーズ、ハム、卵がのったもの。

ガレット・デ・ロワ	galette des Rois
塩バター風味のガレット	galette au beurre salé
私のママのガレット	galette de ma maman
かわはぎ	monacanthe
かわはぎのカルパッチョ	carpaccio de monacanthe
柑橘類	agrumes
柑橘類の果汁	jus d'agrumes
柑橘類のコンフィ	confit d'agrumes
柑橘類のナージュ	nage d'agrumes
柑橘類のとろりジュレ	mi-gelée d'agrumes
柑橘類のテリーヌ	terrine aux agrumes
甘草風味	...à la réglisse
甘草パウダー	poudre de réglisse
〜の寒天寄せ	〜à l'agar-agar
カンパリ風味	...au campari
カンパリのソルベ	sorbet au campari

きじ

キウイ添え、キウイ入り	…aux kiwis (オ キウイ)
きくいも、トピナンブール	topinambour (トピナンブール)
きくいものヴルーテ	velouté de topinambour (ヴルーテ ドゥ トピナンブール)
きくいものガトー仕立て	gâteau de topinambour (ガトー ドゥ トピナンブール)
きくいものクリームスープ	crème de topinambours (クレーム ドゥ トピナンブール)
きくいものソテー	topinambours sautés (トピナンブール ソテ)
きくいものチップス	chips de topinambour (シップス ドゥ トピナンブール)
きくいものピュレ	purée de topinambour (ピュレ ドゥ トピナンブール)
菊の葉添え	…aux feuilles de chrysanthème (オ フイユ ドゥ クリザンテーム)
きくらげ入り、きくらげ添え	…aux chamignons noirs (オ シャンピニョン ノワール)
	…aux oreilles-de- Judas (オ ゾレイユ ドゥ ジュダ)
白きくらげ入り	…aux trémelles en fuseau (オ トゥレメル アン フュゾー)
	…aux oreilles d'argent (オ ゾレイユ ダルジャン)
きじ	faisan (フザン)
雌きじ	faisane (フザンヌ)
	poule faisane (プール フザンヌ)
きじのガランティーヌ	galantine de faisan (ガランティーヌ ドゥ フザン)

きじ

きじのサルミ	salmis de faisan
	faisan en salmis
きじのロティ	faisan rôti
きじ胸肉	suprême de faisan
雌きじの泡ブイヨン	bouillon mousseux de poule faisane
キッシュ	quiche
キッシュ・ロレーヌ	quiche lorraine
ほうれん草のキッシュ	quiche aux épinards
きな粉風味	...à la farine de soja
キノア	quinoa
キノア入り	...au quinoa
きのこ	champignons
〜茸（例・舞茸）	champignons "maitake"
きのこのアンフュジョン	thé de champignons
野生きのこ添え、入り	...aux champignons sauvages
野生きのこのフリカッセ	fricassée de champignons sauvages

野生きのこのポワレ	poêlée de champignons sauvages
森のきのこ	champignons des bois
森のきのこのヴルーテ	velouté aux champignons des bois
キャヴィア	caviar
ベルーガキャヴィア	caviar béluga
セヴルーガキャヴィア	caviar sevruga
オセートラキャヴィア	caviar osciètre
	caviar ossetra
イラン産オセートラキャヴィア	caviar osciètre d'Iran
イラン産ゴールデンキャヴィア	caviar golden d'Iran
プレストキャヴィア	caviar pressé
キャヴィア添え	…au caviar
キャヴィアの粒入り、添え	…aux grains de caviar
オセートラキャヴィアをスプーンで	caviar osciètre à la cuillère
キャヴィアのオモニエール（茶巾包み）	aumônière de caviar
キャヴィア入りのジュレ	gelée de caviar
キャトル・キャール	quatre-quarts

キャトルエピス

キャトルエピス風味	…au quatre-épices
キャベツ	chou
グリーンキャベツ	chou vert
ホワイトキャベツ	chou blanc
紫キャベツ	chou rouge
ちりめんキャベツ	chou frisé
新キャベツ	chou nouveau
春キャベツ	chou de printemps
キャベツ添え、キャベツ入り	…au chou
キャベツでミルフイユに仕立てた〜	〜en mille-feuille de chou
キャベツのヴァプール	vapeur de chou
キャベツのコンポート煮込み	compotée de chou
キャベツのサラダ	salade de chou cru
キャベツのシャルロット	charlotte de chou
キャベツのスープ	soupe au chou
キャベツのファルシ	chou farci
キャベツのフォンデュ	fondue de chou
キャベツのブレゼ	chou braisé

きゅうり

緑キャベツのシフォナード	chiffonnade de chou vert
紫キャベツとりんごの蒸し煮	chou rouge aux pommes
紫キャベツのコンフィチュール	confiture de chou rouge
ロールキャベツ	paupiettes de chou
==キャラウェイ==	carvi
キャラウェイシード風味	...aux graines de carvi
==キャラメル==風味	...au caramel
ミルクキャラメル風味	...au caramel lacté
塩味のキャラメル風味	...au caramel salé
コワントロー風味のキャラメル	caramel Cointreau
塩バター風味のキャラメル	caramel au beurre salé
パンデピス風味のキャラメル	caramel au pain d'épice(s)
ソフトキャラメル	caramels mous
キャラメルソース	sauce au caramel
==きゅうり==	concombres
きゅうり添え	...aux concombres
きゅうりのサラダ	salade de concombres

きゅうり

きゅうりとトマトのサラダ	salade de concombres et tomates
きゅうりの冷たいポタージュ	potage froid de concombres
きゅうりのテリーヌ	terrine de concombres
きゅうりのヨーグルトサラダ	salade de concombres au yaourt
きゅうりうお、エペルラン	éperlan
きゅうりうおのフリット	éperlans frits
キルシュ風味	...au kirsch
きんかん	kumquats
きんかん添え、入り、風味	...aux kumquats
キングサーモン、ますのすけ	chinook
キングサーモンのエスカロップのグリエ	escalope de chinook grillée
きんせんか	souci
きんせんか添え	...à la fleur de souci
銀だら	morue charbonnière
銀だらの香草蒸し	morue charbonnière à la vapeur aux herbes
ぎんなん入り、ぎんなん添え	...aux noix de ginkgo

クグロフ

金目鯛	béryx（ベリクス）
金目鯛のマリニエール風	béryx à la marinière（ベリクス ア ラ マリニエール）
グァヴァのソルベ	sorbet à la goyave（ソルベ ア ラ ゴヤヴ）
グアカモレ	guacamole（グアカモーレ）
クインナマン	kouing-aman（クイン ナマン）
グージェール	gougères（グージェール）
グーズベリー	groseilles à maquereau（グロゼイユ ア マクロー）
クープ・グラッセ	coupe glacée（クープ グラッセ）
ビターチョコレートのクープ・グラッセ	coupe glacée au chocolat noir（クープ グラッセ オ ショコラ ノワール）
フランボワーズのクープ・グラッセ	coupe glacée à la framboise（クープ グラッセ ア ラ フランボワーズ）
マロングラッセのクープ・グラッセ	coupe glacée aux marrons glacés（クープ グラッセ オ マロン グラッセ）
グーラッシュ	goulache（グーラッシュ）
クーリ*	coulis

*動詞「流れる couler」から派生。1393 年刊の料理書では「長く煮込んだ素材を裏ごしして作るソース」。ヌーヴェルキュイジーヌ時代に「生の果物のピュレ」の意味で使われはじめた。

クールジェット（→ズッキーニ p.123）	courgette（クールジェット）
クエッチのロティ	quetsches rôties（クエッチ ロティ）
クグロフ	kouglof（クーグロフ）
	kugelhopf（クーゲルホッフ）

くこ

くこ入り	...aux lyciets（オ リシエ）
〜の串、のブロシェット	〜en brochette（アン ブロシェット）
〜の大串焼き	〜à la broche（ア ラ ブロッシュ）
葛粉で	...à la farine de puéraire（ア ラ ファリーヌ ドゥ ピュエレール）
葛粉を入れた桃のムース	mousse de pêche à le farine de puéraire（ムース ドゥ ペーシュ ア ラ ファリーヌ ドゥ ピュエレール）
クスクス	couscous（クスクス）
魚介のクスクス	couscous au poisson（クスクス オ ポワソン）
クスクス、モロッコ風	couscous à la marocaine（クスクス ア ラ マロケーヌ）
肉のクスクス	couscous à la viande（クスクス ア ラ ヴィヤンド）
野菜のクスクス	couscous aux légumes（クスクス オ レギューム）
クスクス粒入り、クスクス粒添え	...aux grains de couscous（オ グラン ドゥ クスクス）
ぐみ風味、ぐみ入り	...aux cornouilles（オ コルヌイユ）
クミン	cumin（キュマン）
クミン風味	...au cumin（オ キュマン）
クラコット	cracotte（クラコット）
〜のグラタン*	〜au gratin（オ グラタン）

＊こそげ落とす gratter が語源。そもそもは鍋底にこびりついたおこげのこと。ちなみにグラティネ gratinée はオニオングラタンスープを指す。

くり

グラタン・ドフィノワ	gratin dauphinois
グラニテ	granité
コーヒーのグラニテ添え	...au granité café
シードルのグラニテ	granité de cidre
ビターチョコレートのグラニテ	granité de chocolat amer
ベルガモットのグラニテ	granité à la bergamote
クラフティ	clafoutis
クラム・チャウダー	soupe aux clams
コーヒーのクランブル	crumble au café
クランベリー	airelles rouges
クランベリー添え	...aux airelles
クランベリーソース	sauce aux airelles
栗	châtaigne*
	marron

*小粒（いがに数個入る）で、実に渋皮が食い込んでいる。marron はその改良種で、大粒（いがに１個）・渋皮の食い込みがないので、ひと粒の形を丸ごと生かしたい場合に使われる。

和栗	marron japonais
栗添え、栗入り	...aux marrons
栗の削り片添え	...aux fins copeaux de châtaigne

くり

栗のかけら添え、栗のかけら入り	...aux débris de marron
栗のヴルーテ	velouté de châtaignes
栗のヴルーテとマロンのコンフィ	velouté de chataignes et marron confit
栗のカプチーノ仕立て	cappuccino de châtaignes
栗の軽いムース	mousse légère de marrons
栗のグラッセ（塩味）	marrons glacés
栗のコンフィ添え	...aux marrons confits
栗の葉に包んで	dans des feuilles de châtaignier
栗のピュレ添え	...à la purée de marrons
栗のムースリーヌ添え	...à la mousseline de châtaignes
栗のコンフィチュール	confiture de marrons
栗のコンポート	compote de marrons
栗のシャルロット	charlotte aux marrons
栗のスフレ	soufflé aux châtaignes
栗のタルト	tartes aux marrons
マロングラッセ	marrons glacés
クリーム、生クリーム	crème

グリーンピース

〜のクリーム	crème de 〜
クリームあえ、添え、クリーム煮	...à la crème
ホイップクリーム（泡立てたクリーム）	crème fouettée
レモン風味のクリーム	crème citron
ピスターシュ風味のクリーム	crème à la pistache
プラリネ風味のクリーム	crème pralinée
ヨード風味のクリーム	crème iodée
グリーンピース	petits pois
グリーンピース添え、入り	...aux petits pois
グリーンピースの裏ごしスープ	soupe passée de petits pois
グリーンピースのクリームポタージュ	crème de petits pois
グリーンピースのポタージュ	potage aux petits pois
	potage Saint-Germain＊

＊ Saint-Germain はグリーンピースを使った料理につける言い方。パリ郊外の町、サン・ジェルマン・アン・レイとは関係ない。ルイ15世臣下のサン・ジェルマン伯爵に由来。

グリーンピースのバターあえ	petits pois au beurre
グリーンピースのピュレ	purée de petits pois
	purée Saint-Germain
グリーンピースのフリカッセ	fricassée de petits pois

グリーンピース

グリーンピースのベーコン風味	petits pois au lard
グリーンピースのミント風味	petits pois à la menthe
グリーンピースのゆで煮	petits pois à l'anglaise
グリビッシュ	gribiche
	sauce gribiche
グリビッシュのコンディマン（薬味）	condiment gribiche
グリュイエール	gruyère
グリュイエール風味	...au gruyère
クリュディテ（生野菜の取り合わせ）	crudités
グリヨット	griottes
グリヨット入り	...aux griottes
クルスティヤン	croustillant
パフライスのクルスティヤン	croustillant de grains de riz soufflés
ごま風味のクルスティヤン	croustillant au sesame
クルトン	croûtons
きつね色のクルトン	croûtons dorés
クルトン添え	...aux croûtons

クレープ

小さいクルトン	petits croûtons
くるみ	noix
くるみ入り、くるみ添え	...aux noix
生くるみ入り	...aux noix fraîches
つぶして炒ったくるみ	noix écrasées et torréfiées
くるみ入りのクルスティヤン	croustillant aux noix
くるみのタルト	tarte aux noix
くるみ油風味	...à l'huile de noix
クレープ	crêpes
そば粉のクレープ (→ガレット p.65)	galette de sarrasin
クレープ・シュゼット	crêpes Suzette
クレープ・スフレ	crêpes soufflées
クレープ・フランベ	crêpes flambées
コンフィチュールのクレープ	crêpes aux confitures
卵とチーズのクレープ	crêpes à l'œuf et au fromage
ハムのクレープ	crêpes au jambon
ハムとチーズのクレープ巻き	crêpes fourrées jambon fromage
マッシュルームのクレープ	crêpes aux champignons

クレープ

ぱりぱりクレープ	crêpes craquantes
〜のぱりぱりクレープ包み	〜en crêpe craquante
グレープシード油で	...à l'huile de pépins de raisin
グレープフルーツ	pamplemousse
ピンクグレープフルーツ	pamplemousse rose
グレープフルーツ添え	...au pamplemousse
冷やしグレープフルーツ	pamplemousse glacé
グレープフルーツの小海老添え	pamplemousse aux crevettes
グレープフルーツのソルベ	sorbet au pamplemousse
クレーム・シャンティイ	crème Chantilly
ヴァニラ風味のシャンティイ	chantilly vanillée
クレーム・アングレーズ	crème anglaise
クレーム・キャラメル（カスタードプリン）	crème caramel
	crème renversée au caramel
クレーム・グラッセ	crème glacée
カラメル風味のクレーム・グラッセ	crème glacée au caramel
季節のクレーム・グラッセとソルベ	crèmes glacées et sorbets de saison

クロカンブッシュ

栗のクレーム・グラッセ	crème glacée aux marrons
クレーム・グラッセのブリュレ	crème glacée brûlée
コニャック風味のクレーム・グラッセ	crème glacée au cognac
バジルのクレーム・グラッセ	crème glacée au basilic
ベルガモット風味のクレーム・グラッセ	crème glacée à la bergamote
ラム酒とレーズンのクレーム・グラッセ	crème glacée rhum-raisin
クレーム・ブリュレ	crème brûlée
クレソン	cresson
クレソン風味、クレソン添え	...au cresson
クレソンのクーリ	coulis de cresson
クレソンのスープ	soupe au cresson
クレソンのクリームスープ	crème de cresson
クレソンのサラダ	salade de cresson
クレソンのソース	sauce au cresson
クレソンのピュレ	purée de cresson
クローヴ	clous de girofle
クローヴ風味	...aux clous de girofle
クロカンブッシュ	croquembouche

クロケット

クロケット	croquettes
ライスクロケット（ライスコロッケ）	croquettes de riz
グロゼイユ、カランツ、ふさすぐり	groseilles
黒グロゼイユ、ブラックカランツ	groseilles noires
赤グロゼイユ、レッドカランツ	groseilles rouges
グロゼイユ入り	…aux groseilles
グロゼイユのソース	sauce aux groseilles
クロタン・ド・シャヴィニョルのロティ、サラダの上に	crottin de Chavignol rôti sur salade
クロック・マダム	croque-madame
クロック・ムッシュー	croque-monsieur
黒豆	sojas noirs
クロメスキ	cromesquis
クロワッサン	croissants
くわの実、ブラックベリー、ミュール	mûres
くわの実入り、くわの実添え	…aux mûres
ケイパー	câpres
ケイパー添え、入り	…aux capres

こうし

ケイパーソース	sauce aux câpres
ケーク、パウンドケーキ	cake
ケークのフレンチトースト仕立て	cake façon pain perdu
けし	pavot
けしの実入り	...aux graines de pavot
ケチャップ	ketchup
ケチャップ添え	...au ketchup
鯉	carpe
鯉の中華風	carpe à la chinoise
甲殻類	crustacés
甲殻類のヴルーテ	velouté de crustacés
甲殻類のサルピコン添え	...au salpicon de crustacés
甲殻類のスープ	soupe de crustacés
甲殻類のラグー	ragoût de crustacés
甲殻類のジュ	jus de crustacés
甲殻類の殻のジュ風味	...au jus de carapaces
仔牛	veau
仔牛のエスカロップ	escalope de veau

こうし

仔牛のエスカロップ、ウィーン風	escalope de veau à la viennoise
仔牛のエスカロップ、シャッスール風	escalope de veau chasseur
仔牛のエスカロップのグリエ	escalope de veau grillée
仔牛のエスカロップのソテー	escalope de veau sautée
仔牛のエマンセ	émincés de veau
仔牛の極薄切り	feuilletons de veau
仔牛背肉、骨付き背肉	côte de veau
仔牛背肉のカスロール焼き	côte de veau dorée en casserole
仔牛背肉のグリエ	côte de veau grillée
仔牛背肉のソテー	côte de veau sautée
仔牛背肉のパン粉焼き	côte de veau panée
仔牛背肉のポジャルスキ風	côte de veau Pojarski
仔牛背肉のポワレ	côte de veau poêlée
仔牛背肉のパピヨット	côte de veau en papillote
仔牛背肉のミラノ風	côte de veau milanaise
仔牛フィレ肉	filet de veau
仔牛フィレ・ミニョン	filets mignons de veau
仔牛鞍下肉	selle de veau

こうし

仔牛腰肉のロースト	longe de veau rôtie (ロンジュ ドゥ ヴォ ロティ)
仔牛胸部肉のコンフィ	poitrine de veau confite (ポワトリーヌ ドゥ ヴォ コンフィット)
仔牛胸部肉のファルシ	poitrine de veau farcie (ポワトリーヌ ドゥ ヴォ ファルシ)
仔牛胸部肉のファルシのブレゼ	poitrine de veau farcie braisée (ポワトリーヌ ドゥ ヴォ ファルシ ブレゼ)
仔牛胸部肉のフリカッセ	fricassée de poitrine de veau (フリカッセ ドゥ ポワトリーヌ ドゥ ヴォ)
仔牛ばら肉	tendron de veau (タンドロン ドゥ ヴォ)
仔牛ばら肉のブレゼ	tendron de veau braisé (タンドロン ドゥ ヴォ ブレゼ)
仔牛肩肉のファルシ	épaule de veau farcie (エポール ドゥ ヴォ ファルシ)
仔牛もも肉	cuisseau* de veau (キュイソー ドゥ ヴォ)

* cuisseau は仔牛のもも肉に対して使う語とされる。同じ発音の cuissot は、大型の猟獣のもも肉を指す。

仔牛内もも肉	noix de veau (ノワ ドゥ ヴォ)
仔牛内もも肉のブリヤ・サヴァラン風	noix de veau Brillat-Savarin (ノワ ドゥ ヴォ ブリヤ サヴァラン)
仔牛内もも肉のブレゼ	noix de veau braisée (ノワ ドゥ ヴォ ブレゼ)
仔牛内もも肉のロティ	noix de veau rôtie (ノワ ドゥ ヴォ ロティ)
仔牛すね肉	jarret de veau (ジャレ ドゥ ヴォ)
仔牛すね肉のオッソブッコ仕立て	jarret de veau en osso-buco (ジャレ ドゥ ヴォ アン オッソ ブッコ)
仔牛すね肉のポシェ	jarret de veau poché (ジャレ ドゥ ヴォ ポシェ)
仔牛の足のグリエ	pieds de veau grillés (ピエ ドゥ ヴォ グリエ)

こうし

仔牛頭肉のラヴィゴットソース添え	tête de veau, sauce ravigote
仔牛頭肉のファルシ	tête de veau farcie
仔牛頭肉のポワレ	tête de veau poêlée
仔牛頭肉のクルスティヤン	croustillant de tête de veau
仔牛ほほ肉	joue de veau
仔牛ほほ肉のコンフィ	joue de veau confite
仔牛とハムのパテ	pâté de veau et jambon
仔牛のTボーンステーキ	T-bone de veau
仔牛のクネル	quenelles de veau
仔牛のグルナダン	grenadins de veau
仔牛のグルナダンのブレゼ	grenadins de veau braisés
仔牛の塩マリネ	veau mariné au sel
仔牛のジュ添え	...au jus de veau
仔牛のソテー煮込み*、シャッスール風	sauté de veau chasseur

*動詞 sauter には「ソテーする、炒める」という意味とともに、「ソテーしたのち煮込む」の意味もある。

仔牛のソテー煮込み、マレンゴ風	sauté de veau Marengo
	veau en sauté Marengo
仔牛のテリーヌのゼリー寄せ	terrine de veau en gelée

こうし

仔牛のパイヤールのおき火焼き	paillard de veau sur la braise
仔牛のパテのパイ包み	pâté de veau en croûte
仔牛のピカタ	piccata de veau
仔牛のブランケット	blanquette de veau
仔牛のブランケット、昔風	blanquette de veau à l'ancienne
仔牛のポーピエット	paupiettes de veau
仔牛の骨からとったジュ	jus d'os de veau
仔牛のミニョン	mignon de veau
仔牛のメダイヨン	médaillons de veau
仔牛のラグー、ストロガノフ風	ragoût de veau Stroganof
仔牛のルーラード	roulade de veau
仔牛のロティ	rôti de veau
仔牛胸腺肉（→リ・ド・ヴォー p.235）	ris de veau
仔牛舌	langue de veau
仔牛腎臓	rognon de veau
仔牛腎臓、マデラ風味	rognon de veau au madère
仔牛腎臓のグリエ	rognon de veau grillé
仔牛腎臓のソテー	rognon de veau sauté

こうし

仔牛腎臓のフリカッセ	fricassée de rognon de veau
仔牛腎臓を丸ごとロティ	rognon de veau rôti entier
仔牛小ロニョナード	petite rognonnade de veau
仔牛の脳	cervelle de veau
仔牛の脳のブール・ノワール添え	cervelle de veau au beurre noir
仔牛の脳のフリット	cervelle de veau frite
仔牛の脳のムニエル	cervelle de veau à la meunière
仔牛の耳	oreilles de veau
仔牛レバー	foie de veau
仔牛レバーのソーリウ風	foie de veau à la Saulieu
仔牛レバーのグリエ	foie de veau grillé
仔牛レバーのソテー	foie de veau sauté
仔牛レバーのロティ	foie de veau rôti
乳飲み仔牛レバーのぶどう添え	foie de veau de lait au raisin
乳飲み仔牛のエスカロップ	veau de lait en escalope
乳飲み仔牛の骨付き背肉	côte de veau de lait
香草 (→ハーブ p.166)	herbes
	herbes aromatiques

ココナッツ

紅茶のソルベ	sorbet au thé
コーヒーのアイスクリーム	glace au café
	glace café
コーヒー風味のソース	sauce au café
コーヒー風味のタルト	tarte au moka
ゴーフル	gaufres
温かいゴーフル	gaufres chaudes
ゴーフルの上に	...sur gaufre
ゴーフルの砂糖がけ	gaufres au sucre
ゴーフレット	gaufrettes
コールスロー	colslow
コールドミートの盛り合わせ	assiette anglaise
コールラビ	chou-rave
コールラビ添え	...au chou-rave
コールラビのシュークルート	chou-rave en choucroute
五香粉風味	...au cinq-épices
ココナッツ	noix de coco
ココナッツ入り、ココナッツ風味	...à la noix de coco

ココナッツ

ココナッツミルク風味	...au lait de coco
ココナッツ・ケーキ	gâteau à la noix de coco
ココナッツのアイスクリーム	glace à la noix de coco
	glace coco
ココナッツの澄んだブイヨン	bouillon clair à la noix de coco
ココナッツの冷たいスープ	soupe glacée coco
こしょう	poivre
粒こしょう	poivre en grains
粗く砕いたこしょう	poivre concassé
黒こしょう風味	...au poivre noir
白こしょう風味	...au poivre blanc
挽き立ての黒こしょう風味	...au poivre noir moulu
挽き立ての白こしょう風味	...au poivre blanc moulu
ミニョネット風味	...à la mignonette
こしょう粒添え	...aux baies de poivre
二種のこしょう風味	...aux deux poivres
こしょうのアンフュジヨン添え	...en infusion de poivre
グリーンペッパー	poivre vert

グリーンペッパー風味	...au poivre vert
サラワクこしょう	poivre de Sarawak
ギニアペッパー	poivre de Guinée
セリムペッパー	poivre de Sélim
小玉ねぎ	petits oignons
新小玉ねぎ添え	...aux petits oignons nouveaux
小玉ねぎの酢漬け	petits oignons au vinaigre
コック・オ・ヴァン（雄鶏の赤ワイン煮）	coq au vin
骨髄	moelle
骨髄添え	...à la moelle
コッパ	coppa
コッパのチップス添え	...aux chips de coppa
ゴディヴォー風	...façon godiveaux
小鳥の串焼き	petits oiseaux à la broche
コニャック風味	...au cocgnac
コニャック風味のソース	sauce au cognac
仔羊	agneau
仔羊背肉	carré d'agneau

こひつじ

仔羊背肉のパセリ風味	carré d'agneau persillé
仔羊背肉のロティ	carré d'agneau rôti
仔羊骨付き背肉	côtelettes* d'agneau

* côte は大きい動物の、côtelette は小動物の骨付き背肉を指すとされてきたが、昨今境目があいまいに。一般的に仔羊には côtelette が用いられてきたが、最近は côte d'agneau という書き方も。

仔羊骨付き背肉のグリエ	côtelettes d'agneau grillées
仔羊骨付き背肉のパン粉焼き	côtelettes d'agneau panées
仔羊のノワゼット	noisettes d'agneau
仔羊ノワゼットの薄いパン粉焼き	noisettes d'agneau légèrement panées
仔羊ノワゼットのポワレ	noisettes d'agneau poêlées
仔羊鞍下肉	selle d'agneau
仔羊鞍下肉のファルシ	selle d'agneau farcie
仔羊鞍下肉のロティ	selle d'agneau rôtie
仔羊もも肉	gigot d'agneau
仔羊もも肉のエストゥッファード	estouffade de gigot d'agneau
仔羊もも肉のパイ包み	gigot d'agneau en croûte
仔羊もも肉のブーランジェール風	gigot d'agneau boulangère
仔羊もも肉のブレゼ	gigot d'agneau braisé

こひつじ

仔羊もも肉のブレゼ、7時間煮込み	gigot d'agneau braisé de sept heures
仔羊もも肉の干し草焼き	gigot d'agneau cuit dans le foin
仔羊もも肉のロティ	gigot d'agneau rôti
仔羊肩肉のコンフィ	épaule d'agneau confite
仔羊肩肉のファルシ	épaule d'agneau farcie
仔羊肩肉のブレゼ	épaule d'agneau braisée
仔羊のオーブン焼き	agneau rôti au four
仔羊のソテー煮込み	sauté d'agneau
仔羊のソテー煮込み、春野菜添え	sauté d'agneau printanier
仔羊のタジーヌ	tajine d'agneau
仔羊のTボーンのグリエ	T-bone d'agneau grillé
仔羊のナヴァラン	navarin d'agneau
仔羊のバロティーヌのブレゼ	ballottine d'agneau braisée
仔羊のバロティーヌのロティ	ballottine d'agneau rôtie
仔羊のフォンダン	fondant d'agneau
仔羊のブランケット	blanquette d'agneau
仔羊のフリカッセ	fricassée d'agneau

こひつじ

仔羊のロティ	agneau rôti
	rôti d'agneau
仔羊の胸腺肉 (→リ・ダニョー p.235)	ris d'agneau
仔羊の腎臓	rognon d'agneau
仔羊の脳のムニエール	cervelles d'agneau à la meunière
乳飲み仔羊	agneau de lait
乳飲み仔羊のファルシ	agneau de lait farci
乳飲み子羊のロティ	agneau de lait rôti
こぶみかん、ケフィールライム	combava
こぶみかん風味	...au combava
こぶみかんオイル	huile de combava
(日本の)ごぼう	racine "gobô"
西洋ごぼう (→ p.126)	salsifis
	scorsonère
ごま	sésame
ごま風味	...au sésame
ごま粒添え、ごま粒入り	...aux graines de sésame
炒りごま	sésame torréfié

ごり

ごま油風味	...à l'huile de sésame
米	riz
赤米入り、赤米添え	...au riz rouge
黒米入り、黒米添え	...au riz noir
こしひかり入り、添え	...au riz "koshi-hikari"
長粒米入り、添え	...au riz long
もち米入り、添え	...au riz gluant
タイ米入り、タイ米添え	...au riz thaï
バスマティ米入り、添え	...au riz basmati
パフドライス入り、添え	...au riz soufflé
ワイルドライス入り、添え	...au riz sauvage
米粉で	...à la farine de riz
バターライス	riz au blanc
ゆでた米	riz à la créole
リング型にした米	turban de riz
コライユ	corail
コライユバター	beuure de carail
ごり	chabots

コリアンダー

コリアンダー	coriandre
コリアンダー風味	...à la coriandre
生コリアンダーの香りで	...au parfum de coriandre fraîche
コリアンダーの葉添え	...aux feuilles de coriandre
ゴルゴンゾーラ	gorgonzola
ゴルゴンゾーラ風味、入り	...au gorgonzola
コルニション	cornichons
コルニションの酢漬け	cornichons au vinaigre
コルニション添え	...aux cornichons
コロンボの香りで	...au parfum de colombo
コンソメ	consommé
春野菜のコンソメ	consommé printanier
コンソメ、極細のヴェルミセル入り	consommé aux cheveux d'ange
コンソメ、プロフィトロール入り	consommé aux profiteroles
コンソメ・ドゥーブル	consommé double
コンソメ・ロワイヤル	consommé royal
コンソメジュレ	consommé en gelée
コンソメジュレ添え	...à la gelée de consommé

コンポート

コンディマン、薬味	condiment
コンディマン (薬味) としての〜	condiment 〜
コンフィチュール*、ジャム	confiture

*果物や野菜を砂糖で長時間煮込んだもの。コンフィ confit というと、フルーツを砂糖や蒸留酒に、野菜を酢に漬けたものを指す。また、肉を脂で煮て保存したものも指す。

コンフィチュールの方法で	...façon confiture
あんずのコンフィチュール	confiture d'abricots
いちごのコンフィチュール	confiture de fraises
オレンジのコンフィチュール	confiture d'oranges
栗のコンフィチュール	confiture de marrons
さくらんぼのコンフィチュール	confiture de cerises
グロゼイユのコンフィチュール	confiture de groseilles
プラムのコンフィチュール	confiture de prunes
フランボワーズのコンフィチュール	confiture de framboises
桃のコンフィチュール	confiture de pêches
コンポート*	compote
	compotée

*コンポート compote は果物と砂糖を煮込んだもの、コンポテ compotée は肉や野菜をコンポート状に煮た料理…と区別する解釈と、どちらも同義とする解釈がある。

コンポートの盛り合わせ	compotes assorties

サーモン

サーモン、鮭	saumon (ソーモン)
紅鮭	saumon rouge (ソーモン ルージュ)
銀サーモン	saumon argenté (ソーモン アルジャンテ)
ノルウェー産サーモン	saumon de Norvège (ソーモン ドゥ ノルヴェージュ)
サーモントラウト	truite saumonée (トリュイット ソーモネ)
スモークサーモン	saumon fumé (ソーモン フュメ)
自家製スモークサーモン	saumon fumé maison (ソーモン フュメ メゾン)
ノルウェー産スモークサーモン	saumon fumé de Norvège (ソーモン フュメ ドゥ ノルヴェージュ)
スモークサーモンのカナッペ	canapés au saumon fumé (カナペ オ ソーモン フュメ)
サーモンのマリネ	saumon mariné (ソーモン マリネ)
サーモンのグラヴラクス（北欧風マリネ）	gravlax de saumon (グラヴラクス ドゥ ソーモン)
半生のサーモン	saumon mi-cuit (ソーモン ミ キュイ)
サーモンのグリエ	saumon grillé (ソーモン グリエ)
皮付きサーモンのグリエ	saumon grillé à la peau (ソーモン グリエ ア ラ ポー)
サーモンの厚筒切りのグリエ	darne de saumon grillée (ダルヌ ドゥ ソーモン グリエ)
サーモンのロティ	saumon rôti (ソーモン ロティ)
皮つきサーモンのロティ	saumon rôti en peau (ソーモン ロティ アン ポー)
サーモンのプランチャ焼き	saumon à la plancha (ソーモン ア ラ プランシャ)

さかな

オーブンでやさしくポシェしたサーモン	saumon poché à four doux
サーモンのミニッツステーキ	minute de saumon
サーモンのエスカロップ、オゼイユ風味	escalope de saumon à l'oseille
サーモンのクール・ブイヨン煮	saumon au court-bouillon
サーモンのさしみ	saumon cru
サーモンのショーフロワ	chaud-froid de saumon
サーモンの寿司仕立て	saumon préparé en sushis
サーモンのスフレ	saumon soufflé
	soufflé au saumon
サーモンのパイ包み	saumon en croûte
サーモンのポーピエット	paupiettes de saumon
サーモンのミルフイユ	mille-feuille de saumon
サーモンのユール	hure de saumon
サヴァラン	savarin
サヴァランのシャンティイ添え	savarin chantilly
サヴァランのフルーツ添え	savarin aux fruits
魚	poisson
本日の魚	poisson du jour

さかな

～湾の魚	poisson de la baie de ～
淡水魚	poisson d'eau douce
湖の魚	poisson du lac
スープ・ド・ポワソン（魚のスープ）	soupe de poisson
魚のスープ、サフラン風味	soupe de poisson safranée
磯の小魚のスープ	soupe de poissons de roche
魚のシンフォニー	symphonie des poissons
魚と甲殻類のマリネ	poissons et crustacés marinés
魚の揚げもの	friture de poissons
魚の軽いナージュ	petite nage de poissons
魚のグリエ	poisson grillé
魚のテリーヌ	terrine de poissons
魚のフィレのフリット	filets de poisson frits
魚のマトロート	matelote de poissons
魚のマリネ	poissons marinés
魚のムース	mousse de poisson
刺身のマリネのサラダ	salade de poissons crus marinés
さくらんぼ	cerises

ナポレオン	napoléon
さくらんぼ添え、入り	...aux cerises
ダークチェリー添え、入り	...aux cerises noires
さくらんぼの赤ワイン煮	cerises au vin rouge
さくらんぼのコンポート	compote de cerises
さくらんぼの酢漬け	cerises au vinaigre
さくらんぼのブランデー漬け	cerises à l'eau-de-vie
さくらんぼのポワレ	cerises poêlées
キルシュでフランベしたさくらんぼ	cerises flambées au kirsch
さくらんぼの砂糖漬け	cerises confites
さくらんぼのタルト	tarte aux cerises
さくらんぼのタルトレット	tartelette aux cerises
さくらんぼのバルケット	barquettes aux cerises
さくらんぼのソルベ	sorbet aux cerises
チェリー・ジュビレ	cerises jubilé
ダークチェリーのポワレ	poêlée de cerises noires
ざくろ	grenade
鮭 (→サーモン p.98)	saumon

さざえ

さざえ	turbo
さざえのグリエ	turbo grillé
ザッハトルテ	Sachertorte
さつまいも	patate douce
さつまいものピュレ添え	...à la purée de patates douces
サテ風	...au satay
さといも添え、さといも入り	...aux colocases
サニーレタス	feuilles de chêne
	batavia
さば	maquereau
さばのフィレ	filet de maquereau
さばのエスカベーシュ	maquereaux en escabèche
さばのパピヨット	maquereau en papillote
さばのリエット	rillettes de maquereau
サバイヨン	sabayon
	sauce sabayon
赤ワイン風味のサバイヨン	sabayon au vin rouge
炒った風味のサバイヨン	sabayon au goût grillé

さやいんげん

シャンパーニュ風味のサバイヨン添え	...au sabayon de champagne
レモン風味のサバイヨン添え	...au sabayon de citron
サフラン	safran
サフラン風味	...au safran
サフランオイル風味	...à l'huile de safran
サフラン風味の軽いクリーム	crème légère safranée
サブレ	sablés
さめ	requin
さやいんげん	haricots verts
さやいんげん添え、入り	...aux haricots verts
さやいんげんのクリームあえ	haricots verts à la crème
さやいんげんのサラダ	salade de haricots verts
さやいんげんのソテー	haricots verts sautés
さやいんげんのバターあえ	haricots verts au beurre
さやいんげんのピュレ	purée de haricots verts
さやいんげんのブーケ (束)	bouquet de haricots verts
さやいんげんのトマト添え	haricots verts aux tomates

さやえんどう

さやえんどう	pois mange-tout*
	pois gourmands

＊さやまで「すべて tout 食べる manger」豆、という意味。

さやえんどう添え、入り	...aux pois mange-tout
	...aux pois gourmands
サラダ添え	... avec salade
〜のサラダ、サラダ仕立て	〜en salade
サラダの上に	...sur salade
季節のサラダ	salade de saison
春のサラダ	salade printanière
夏野菜のサラダ	salde aux légumes d'été
秋のサラダ	salade d'automne
秋の風味のサラダ	salade aux saveurs d'automne
冬野菜のサラダ	salde aux légumes d'hiver
グリーンサラダ	salade verte
生野菜のサラダ	salade de légumes crus
ミックスサラダ	salade mixte
ゆで野菜のサラダ	salade de légumes cuits

サラダな

海風いっぱいのサラダ	salade pleine mer
気まぐれサラダ	salade caprice
くいしんぼうのサラダ	salade gourmande
菜園のサラダ	salade du jardin
シーザーサラダ	salade César
ニース風サラダ	salade niçoise
ミモザサラダ	salade de mimosa
メリメロサラダ	méli-mélo de salades
漁師のサラダ	salade des pêcheurs
ロシア風サラダ（ポテトサラダ）	salade russe
和風サラダ	salade japonaise
味わい深いサラダ	salade goûteuse
サラダ菜	laitue
	salade
サラダ菜のサラダ	salade de laitue
サラダ菜のシフォナード	chiffonnade de laitue
サラダ菜の芯添え	…aux cœurs de laitue
サラダ菜の芯のサラダ	salade de cœurs de laitue

サラダな

サラダ菜のファルシ	laitues farcies (レテュ ファルシ)
サラダ菜のブーケ	bouquet de salades (ブーケ ドゥ サラド)
サラダ菜のブレゼ	laitues braisées (レテュ ブレゼ)
サラダ菜の若葉を敷いて	...sur lit* de jeunes pousses de salade (スュル リ ドゥ ジュヌ プース ドゥ サラド)

* lit はベッド、寝台のこと。sur lit は「ベッドの上に」という意味で、野菜などを平たく、やや厚めに敷いてその上に何かをのせる場合の表現。

サラダ菜のミックス	salades mélangées (サラド メランジェ)
三種のサラダ菜のシンフォニー	symphonie des trois salades (サンフォニー デ トロワ サラド)
サラミ	salami (サラミ)
サリエット、きだちはっか	sarriette (サリエット)
サリエット風味	...à la sarriette (ア ラ サリエット)
ざる貝	coques (コック)
ざる貝入り、ざる貝添え	...aux coques (オ コック)
～の**サルミ**	～en salmis (アン サルミ)
さわら	scombre (スコンブル)
	"Sawara", poisson "sawara" (サワラ ポワソン サワラ)
さわらのグリエ	scombre grillé (スコンブル グリエ)
さんしょう	poivre vert sansho (ポワーヴル ヴェール サンショ)

シェーヴル

さんしょう風味	...au poivre vert de sansho
花椒（中国のさんしょう）	poivre de Sichuan
花椒風味	...au poivre de Sichuan
花椒のクリーム	crème de Sichuan
サンドイッチ	sandwich
ハムサンドイッチ	sandwich au jambon
チーズサンドイッチ	sandwich au fromage
クラブハウスサンドイッチ	club sandwich
サン・トノレ	saint-honoré
サンドル、ルシオパーチ	sandre
サンドルのグリエ	sandre grillé
酸味がかった風味の	...à l'aigrelette
しいたけ	shiitaké
	lentins du chêne
しいたけ添え	...aux shiitakés
シードル風味	...au cidre
シェーヴル、山羊乳チーズ	fromage de chèvre
フレッシュシェーヴルチーズ	fromage de chèvre frais

シェーヴル

シェーヴル添え	...au fromage de chèvre
シェリー風味	...au xérès
塩	sel
塩味、塩漬け	...au sel
粗塩	gros sel
粗塩風味	...au gros sel
フルール・ドゥ・セル	fleur de sel
フルール・ドゥ・セル風味	...à la fleur de sel
マルドン産の塩	sel de Maldon
ゲランド産の塩	sel de Guérande
しょうが風味の塩	sel au gingembre
塩味のアイスクリーム	glace au sel
鹿、のろ鹿	chevreuil
赤鹿	cerf
えぞ鹿	chevreuil d'Ezo
鹿背肉	carré de chevreuil
鹿の小さい背肉	petit carré de chevreuil
鹿背肉のロティ	carré de chevreuil rôti

したびらめ

鹿骨付き背肉	côtelette de chevreuil [コートレット ドゥ シュヴルイユ]
鹿骨付き背肉、ねずの実風味	côtelette de chevreuil au genièvre [コートレット ドゥ シュヴルイユ オ ジュニエーヴル]
鹿のノワゼット	noisettes de chevreuil [ノワゼット ドゥ シュヴルイユ]
鹿のノワゼット、ソース・グラン・ヴヌール	noisettes de chevreuil, sauce grand veneur [ノワゼット ドゥ シュヴルイユ ソース グラン ヴヌール]
鹿腰肉	selle de chevreuil [セル ドゥ シュヴルイユ]
鹿もも肉	cuissot de chevreuil [キュイソー ドゥ シュヴルイユ]
鹿のシヴェ	civet de chevreuil [シヴェ ドゥ シュヴルイユ]
鹿のポワヴラード	poivrade de chevreuil [ポワヴラード ドゥ シュヴルイユ]
雌鹿のノワゼットのロティ	noisettes de biche rôties [ノワゼット ドゥ ビーシュ ロティ]
〜の自家製	〜à la maison [ア ラ メゾン]
シコレ（チコリの根）風味	...à la chicorée [ア ラ シコレ]
シコレのアンフュジヨン	infusion chicorée [アンフュジヨン シコレ]
シコレ（風味）のクリーム	crème de chicorée [クレーム ドゥ シコレ]
しそ	shiso [シソ]
しそ風味	...au shiso [オ シソ]
舌平目	sole [ソール]
舌平目のグラタン	sole au gratin [ソール オ グラタン]

したびらめ

舌平目のコルベール風	sole Colbert (ソール コルベール)
筒切り舌平目の骨付きブレゼ	tronçon de sole braisée sur l'arête (トロンソン ドゥ ソール ブレゼ スュル ラレート)
舌平目のフィレ	filets de sole (フィレ ドゥ ソール)
舌平目のフィレのフリット	filets de sole frits (フィレ ドゥ ソール フリ)
舌平目のフィレの蒸しもの	filets de sole vapeur (フィレ ドゥ ソール ヴァプール)
	filets de sole à la vapeur (フィレ ドゥ ソール ア ラ ヴァプール)
舌平目のフリット	sole frite (ソール フリット)
舌平目のポーピエット	paupiettes de sole (ポーピエット ドゥ ソール)
舌平目のボヌ・ファム風	sole bonne femme (ソール ボヌ ファム)
舌平目のポワレ	sole poêlée (ソール ポワレ)
舌平目のムニエル	sole à la meunière (ソール ア ラ ムニエール)
	sole meunière (ソール ムニエール)
舌平目のムニエル、生ハーブ詰め	sole meunière farcie aux herbes fraîches (ソール ムニエール ファルシ オ ゼルブ フレーシュ)
舌平目のロティ	sole rôtie (ソール ロティ)
小舌平目の丸ごとブレゼ	petite sole entière braisée (プティット ソール アンティエール ブレゼ)
七面鳥*	dindonneau (ダンドノー)

＊成鳥は雄雌の関係なく dinde（ダンド）。ただし、成鳥であってもメニューには 仔七面鳥 dindonneau と書くことが多い。

じゃがいも

七面鳥のロティ、栗詰め	dindonneau rôti farci aux marrons
七面鳥のもも肉のブレゼ	cuisse de dindonneau braisée
シトロン*	cédrat

*フランス語でシトロン citron はレモンのことだが、ここでいうシトロン（英語）はレモンと類縁関係のみかん。砂糖漬けにした果皮が菓子に使われる。

シナモン	cannelle
シナモン風味	...à la cannelle
シナモンのアイスクリーム	glace à la cannelle
	glace cannelle
ジビエ、野鳥獣	gibier
ジビエのパテ	pâté de gibier
しめじ	champignons "shimeji"
じゃがいも	pomme de terre*

* pomme de terre と書くと長いので、pomme とだけ書くことも多い。りんご pomme と区別がつかなくなるので、りんごを pomme fruit と書くこともある。

新じゃがいも	pomme de terre nouvelle
	pomme nouvelle
ゆでじゃがいも	pommes à l'anglaise
	pommes nature

じゃがいも

ゆでじゃがいも (皮つき)	pommes en robe des champs*
	pommes en robe de chambre

* "地中から現れたばかり"のニュアンスを伝える en robe des champs（野良着で）という表現がフレーズとして使われるうちに、en robe de chambre（寝巻きのまま）に変化。

粗つぶしじゃがいも	pommes de terre écratées
つぶしじゃがいも	pommes de terre écrasées
	écrasée de pommes de terre
じゃがいものピュレ	purée de pommes de terre
つぶしじゃがいものムース	mousse de pommes de terre éclatées
じゃがいものムスリーヌピュレ	pommes de terre mousseline
	pommes mousseline
蒸しじゃがいも	pommes vapeur
ポム・フォンダント	pommes fondantes
じゃがいものソテー	pommes sautées
じゃがいものリソレ	pommes rissolées
じゃがいものオーブン焼き	pommes de terre au four
ローストポテト	pommes rôties

じゃがいも

かりかりじゃがいも添え	...aux pommes de terre croustillantes
じゃがいもの巣見立て	nids de pommes paille
中はほっくり、外はかりっとしたじゃがいも	pommes de terre moelleuses et croustillantes
フレンチフライ	pommes de terre frites
	pommes frites
	frites
ポテトチップ	pommes chips
ポム・アリュメット (細切りフライ)	pommes allumettes
ポム・パイユ (せん切りフライ)	pommes paille
ポム・ポンヌフ (棒切りフライ)	pommes pont-neuf
ポム・シャトー	pommes château
ポム・スフレ (揚げて膨らませたもの)	pommes de terre soufflées
	pommes soufflées
じゃがいもとベーコンのソテー	pommes au lard
じゃがいもの温かいサラダ	salade de pommes de terre tièdes

じゃがいも

じゃがいものアンナ風	pommes Anna
じゃがいもの薄いタルト	tarte fine aux pommes de terre
じゃがいものエテュヴェ	pommes à l'étuvée
じゃがいものガトー	gâteau de pommes de terre
じゃがいものガトー、ぶどう摘み人風	gâteau de pommes de terre des vendangeurs
じゃがいものカプチーノ仕立て	cappuccino de pommes de terre
じゃがいものかりかりガレット	croustillantes galettes de pommes de terre
じゃがいものかりかりミルフイユ	croustillant mille-feuille de pommes de terre
じゃがいものガレット	galette de pommes de terre
じゃがいものグラタン	pommes au gratin
グラタン・ドフィノワ	gratin dauphinois
じゃがいものクリーム煮	pommes de terre à la crème
じゃがいものグリエ	pommes de terre grillées
じゃがいものクレープ	crêpes de pommes de terre
じゃがいものクロケット	croquettes de pommes de terre

じゃがいも

じゃがいものゴーフレット	gaufrettes de pomme de terre
	pommes gaufrettes
じゃがいものサヴォワ風	pommes à la savoyarde
じゃがいものサラダ	salade de pommes de terre
じゃがいものスフレ	soufflé de pommes de terre
じゃがいものタルト	tarte aux pommes de terre
じゃがいものデュシェス風	pommes duchesse
じゃがいものドフィーヌ*	pommes dauphine

*ドフィーヌは王太子妃の意味で、とある王太子妃に捧げられた料理。ゆえに、じゃがいもが複数形になっても、dauphine は複数形にならない。

じゃがいものニョッキ	gnocchi de pommes de terre
じゃがいものニョッキのグラティネ	gnocchi de pommes de terre gratinés
じゃがいものパイヤッソン	pommes paillasson
じゃがいものパセリ風味	pommes persillées
じゃがいものパリ風	pommes à la parisienne
じゃがいものファルシ	pommes de terre farcies
	pommes farcies
じゃがいものブイヨン煮	pommes au bouillon

じゃがいも

じゃがいものブーランジェール風	pommes de terre boulangère
	pommes à la boulangère
じゃがいものポタージュ	potage Parmentier
じゃがいものマキシム風	pommes Maxim's
じゃがいものラザニア	lasagne de pommes de terre
じゃがいものリヨン風	pommes à la lyonnaise
新じゃがいものおき火焼き	pommes nouvelles grillées à la braise
新じゃがいものサラダ	salade de pommes de terre nouvelles
〜のじゃがいもウロコ見立て	〜en écailles de pommes de terre
小粒じゃがいものラグー	ragoût de petites pommes de terre
しゃこ（甲殻類の）	squille
	cigale de mer
しゃこのグリエ	squilles grillées
しゃこのサフラン風味	cigales de mer au safran
しゃこのプランチャ焼き	squilles à la plancha

シャンパーニュ

シャッスール風、狩人風	...chasseur*

＊ chasseur ＝ 狩人という意味なので、狩りの途中の食事をイメージした材料を使う。必ずきのこが入る。

ジャスミン茶風味	...au thé jasmin
ジャスミン茶の香りで	...au parfum de thé jasmin
シャトーブリヤン	chateaubriand*

＊厚い牛フィレ肉をポワレした料理、またはその肉。作家 chateaubriand の料理人に由来するという説と、牛の名産地 Châteaubriant に拠るとする説があり、それによって綴りが異なる。

〜のシャルトルーズ仕立て	〜en chartreuse
シャルロット	charlotte
いちごのシャルロット	charlotte aux fraises
栗のシャルロット	charlotte aux marrons
パンデピスのシャルロット	charlotte au pain d'épice(s)
洋梨のシャルロット	charlotte aux poires
２種の果物のシャルロット	charlotte aux deux fruits
シャンティイ風	...à la Chantilly
ジャンドゥージャのソルベ	sorbet au gianduja
	sorbet gianduja
シャンパーニュ	champagne
シャンパーニュ風味	...au champagne

シャンパーニュ

ソース・シャンパーニュ	sauce au champagne
	sauce champagne
シャンパーニュのソルベ	sorbet au champagne
シャンピニョン (→マッシュルーム p.215)	champignons
シャンピニョン・デュクセル	duxelles de champignons
ジャンボン・ペルシエ	jambon persillé
シュー	chou
シュークリーム	chou à la crème
生クリームのシュー	chou chantilly
シューケット	chouquettes
ジュ、肉汁、果汁、汁	jus
ジュ添え	...au jus
イタリアンパセリ風味のジュ	jus au persil plat
エシャロット風味のジュ	jus aux échalotes
カラメリゼしたジュ	jus caramélisé
サリエット風味のジュ	jus à la sarriette
少しだけクリームを加えたジュ	jus à peine crémé
濃厚なジュ・ド・ヴィヤンド	jus de viande corsé

蜂蜜風味の酸っぱいジュ	jus acidulé au miel
シュークルート	choucroute
アルザス風シュークルート	choucroute à l'alsacienne
シュークルート、ソーセージ添え	choucroute garnie
〜のシュヴルイユ仕立て	〜en chevreuil
シュトゥルーデル	Strudel
りんごのシュトゥルーデル	Strudel aux pommes
〜のジュレ	〜en gelée
しょうが	gingembre
生のしょうが	gingembre frais
しょうが風味	...au gingembre
しょうがのコンフィ	gingembre confit
しょうがとジャスミン風味のアイスクリーム	glace gingembre-jasmin
しょうゆ	sauce de soja
	sauce soja
〜のショーフロワ仕立て	〜en chaud froid
折りパイのショッソン	chausson feuilleté

ショッソン

りんごのショッソン	chausson aux pommes
白子（魚の精巣）	laitance
たらの白子	laitance de cabillaud
ふぐの白子	laitance de poisson-globe
白子のムニエル	laitance à la meunière
しらす	blanchailles
シリアル（穀類）	céréales
シリアル入り、シリアル添え	...aux céréales
	...aux graines céréales
〜のシリアル殻包み	〜en coque de céréales
白いんげん豆	haricots blancs
白いんげん豆添え	...aux haricots blancs
白いんげん豆のスープ	soupe aux haricots blancs
ジロール茸	girolles
ジロール茸のソテー	girolles sautées
	sauté de girolles
ジロール茸のフリカッセ	fricassée de girolles
酢（→ヴィネガー p.33）	vinaigre

すいか	pastèque
すいかのグラニテ	granité de pastèque
スープ	soupe
スープ・オ・ピストゥー	soupe au pistou
スープ・クレシー	soupe Crécy
スープ・サン・ジェルマン	soupe Saint-Germain
スープ・ジュリエンヌ	soupe julienne
スープ・ド・サンテ	soupe de santé
スープ・ド・ポワソン	soupe de poisson
スープ・ボヌ・ファム	soupe bonne femme
本日のスープ	soupe du jour
スクランブルエッグ	œufs brouillés
スクランブルエッグ、アスパラガスの穂先入り	œufs brouillés aux pointes d'asperge
スクランブルエッグ、マッシュルーム入り	œufs brouillés aux champignons
スクランブルエッグのタルト	tarte aux œufs brouillés

すずき

すずき	bar (バール)
	loup de mer* (ルー ドゥ メール)
	"Suzuki", poisson "suzuki" (スズキ ポワソン スズキ)

*南フランスにおける呼び方で「海の狼」の意味。すずきの貪食ぶりが狼に似ていることから。南仏のイメージで仕立てた料理に用いることが多い。

すずき (一本釣り) のマリニエール	bar de ligne à la marinière (バール ドゥ リーニュ ア ラ マリニエール)
すずきのオーブン焼き	bar au four (バール オ フール)
すずきの皮つきロティ	bar rôti à la peau (ルー ロティ ア ラ ポー)
すずきのクールブイヨン煮	bar au court-bouillon (バール オ クール ブイヨン)
すずきのグリエ	bar grilé (バール グリエ)
すずきのグリエ、フヌイユ風味	bar grillé au fenouil (バール グリエ オ フヌイユ)
すずきの塩包み焼き	bar en croûte de sel (バール アン クルート ドゥ セル)
すずきのテリーヌ、温製	terrine de bar chaude (テリーヌ ドゥ バール ショード)
すずきのパイ包み	bar en croûte (バール アン クルート)
すずきの密閉焼き	bar cuit à l'étouffée (バール キュイ ア レトゥフェ)
すずきのパヴェ*、かりかり焼き	pavé de bar croustillant (パヴェ ドゥ バール クルスティヤン)

*分厚い切り身のこと。石畳 pavé の意味なので、たっぷりとした厚さ。

すずきのフィレ	filet de bar (フィレ ドゥ バール)
すずきのフィレ、キャヴィア添え	filet de bar au caviar (フィレ ドゥ バール オ キャヴィヤール)

ズッキーニ

すずきのフィレのオーブン焼き	filet de bar au four 〈フィレ ドゥ バール オ フール〉
すずきのフランベ	bar flambé 〈バール フランベ〉
すずきのブレゼ	bar braisé 〈バール ブレゼ〉
すずきのポワレ	bar poêlé 〈バール ポワレ〉
すずきのマリネ	loup de mer mariné 〈ルー ドゥ メール マリネ〉
すずきのムニエル	bar à la meunière 〈バール ア ラ ムニエール〉
	bar cuit meunière 〈バール キュイ ムニエール〉
すずきの海藻蒸し	bar aux algues 〈バール オ ザルグ〉
スターアニス、八角	anis étoilé 〈アニ ゼトワレ〉
	badiane 〈バディヤーヌ〉
スターアニスの香りで	...au parfum d'anis étoilé 〈オ パルファン ダニ ゼトワレ〉
スターアニス風味	...à l'anis étoilé 〈ア ラニ ゼトワレ〉
ズッキーニ、クールジェット	courgette 〈クールジェット〉
ズッキーニとトマトの花冠飾り(コロル)	corolle de courgettes et tomates 〈コロール ドゥ クールジェット エ トマト〉
ズッキーニのグリエ	courgettes grillées 〈クールジェット グリエ〉
ズッキーニの冷たいスープ	soupe glacée de courgettes 〈スープ グラッセ ドゥ クールジェット〉
ズッキーニのファルシ	courgettes farcies 〈クールジェット ファルシ〉
ズッキーニのフリット	courgettes frites 〈クールジェット フリット〉

ズッキーニ

ズッキーニのポワレ	courgette poêlée (クールジェット ポワレ)
ズッキーニのリボン	rubans de courgette (リュバン ドゥ クールジェット)
生ズッキーニのタルタル	tartare de courgettes crues (タルタール ドゥ クールジェット クリュ)
花つきズッキーニ	courgettes-fleurs (クールジェット フルール)
花つきズッキーニ添え	...aux courgettes-fleurs (オ クールジェット フルール)
ズッキーニの花のトリュフ詰め	fleur de courgette aux truffes (フルール ドゥ クールジェット オ トリュフ)
ズッキーニの花のファルシ	fleur de courgette farcies (フルール ドゥ クールジェット ファルシ)
ズッキーニの花のベニェ	beignets de fleurs de courgette (ベニェ ドゥ フルール ドゥ クールジェット)
すっぽんのスープ、海がめのスープ	potage clair de tortue (ポタージュ クレール ドゥ トルテュ)
スパイス、香辛料	épices (エピス)
スパイスの香りで	...au parfum d'épices (オ パルファン デピス)
スパイスのさまざまな香りで	...aux parfums d'épices (オ パルファン デピス)
スパイス風味のジュ	jus épicé (ジュ ゼピセ)
スパイス風味のパン粉で	...à la chapelure d'épices (ア ラ シャプリュール デピス)
スパゲッティ	spaghetti (スパゲッティ)
全粒粉のスパゲッティ	spaghetti au blé complet (スパゲッティ オ ブレ コンプレ)
アンチョビ入りのスパゲッティ	spaghetti aux anchois (スパゲッティ オ ザンショワ)

スフレ

黒トリュフクリーム風味のスパゲッティ	spaghetti à la crème de truffe noire
トマトソースのスパゲッティ	spaghetti sauce tomate
スパゲッティ・カルボナーラ	spaghetti carbonara
スパゲッティ・ボロネーズ	spaghetti à la bolognaise
スフレ	soufflé
アーモンドのスフレ	souffé aux amandes
あつあつのスフレ	soufflé chaud
あつあつのスフレ、グランマルニエ風味	soufflé chaud au grand marnier
あんずのスフレ	soufflé aux abricots
ヴァニラ風味のスフレ	soufflé à la vanille
オレンジのスフレ	soufflé à l'orange
軽いスフレ	soufflé léger
キルシュ風味のスフレ	souffé au kirsch
コーヒー風味のスフレ	soufflé au café
ココナッツのスフレ	soufflé à la noix de coco
チーズのスフレ	soufflé au fromage
チョコレートのスフレ	souffé au chocolat

スフレ

ヘーゼルナッツのスフレ	soufflé aux noisettes
洋梨のスフレ	soufflé aux poires
レモン風味のスフレ	soufflé au citron
スフレ・グラッセ	soufflé glacé
フランボワーズのスフレ・グラッセ	soufflé glacé aux framboises
スペキュロス	spéculos
スペキュロス風味、スペキュロス入り	...aux spéculos
スペキュロスバター風味	...au beurre de spéculos
スペック、燻製ハム	speck
スペック入りシャンティイ	chantilly au speck
スペルト小麦	épeautre
スペルト小麦の田舎スープ	soupe rustique d'épeautre
すまし汁	consommé "sumashi"
炭火焼き	...au charbon de bois
西洋ごぼう*、サルシフィ	salsifis
	scorsonère

* salsifis（サルシフィ、ばらもんじん）は表皮が白く、scorsonère（きばなばらもんじん）は茶色い。後者のほうが糖分がより多く、好まれるというが、メニュー名では前者がポピュラー。

西洋ごぼうのグラタン	salsifis au gratin

セープだけ

西洋ごぼうのクリームあえ	salsifis à la crème
西洋ごぼうのソテー	salsifis sautés
西洋ごぼうのタリアッテッレ	tagliatelles de salsifis
西洋ごぼうの肉汁風味	salsifis au jus
西洋ごぼうのフリット	salsifis frits
セージ	sauge
セージの香りで	...au parfum de sauge
セープ茸	cèpes
セープ茸入り、セープ茸添え	...aux cèpes
セープ茸のアンフュジヨン添え	...à l'infusion de cèpes
セープ茸のヴルーテ	velouté de cèpes
セープ茸のオイル漬け	cèpes à l'huile
セープ茸の傘のグリエ	têtes de cèpe grillées
セープ茸の傘のファルシ	têtes de cèpes farcies
セープ茸のカラメリゼ	cèpes caramélisés
セープ茸のグラタン	cèpes au gratin
セープ茸のソテー、プロヴァンス風	cèpes à la provençale
セープ茸のソテー、ボルドー風	cèpes à la bordelaise

セープだけ

セープ茸のマリネ	cèpes marinés
セベット添え	aux cébettes
セルフイユ	cerfeuil
セルフイユ風味	...au cerfeuil
根セルフイユのチップス	chips de cerfeuil bulbeux
セロリ*、茎セロリ	céleri-blanche
	céleri

＊フランスでメニューに céleri と書いてある場合、通常は根セロリ célri-rave（→ p165）のことを指す。茎セロリの場合は、céleri –branche と記されることが多い。

セロリ入り、セロリ添え	...aux céleris
セロリのジュリエンヌ	céleri en julienne
セロリの軽いフュメ	fumet léger de céleri
セロリのグラタン	céleris gratinés
セロリのブレゼ	céleris braisés
ぜんまい風味、ぜんまい添え	...aux osmondes
〜ソース添え	...à la sauce 〜
ソース・アメリケーヌ	sauce américaine
ソース・アルビュフェラ	sauce Albufera
ソース・アルマンド	sauce allemande

ソース

ソース・ヴィエルジュ	sauce vierge
ソース・ヴィネグレット	sauce vinaigrette
ソース・ヴィルロワ	sauce Villeroi
ソース・エスパニョル	sauce espagnole
ソース・オランデーズ	sauce hollandaise
ソース・カルディナル	sauce cardinal
ソース・グラン・ヴヌール	sauce grand veneur*

*ソースを省いて grand veneur とだけ記されることも。veneur は中世の狩人、grand veneur は狩猟長のこと。ジビエに添えるソースなので、sauce venaison（野獣肉用ソース）とも言う。

ソース・グリビッシュ	sauce gribiche
ソース・ザンガラ	sauce zingara
ソース・シャッスール	sauce chasseur
ソース・シャンティイ	sauce Chantilly
ソース・シャンパーニュ	sauce au champagne
	sauce champagne
ソース・ジュヌヴォワーズ	sauce genevoise
ソース・シュプレーム	sauce suprême
ソース・ショー・フロワ	sauce chaud-froid
ソース・ショロン	sauce Choron

ソース

ソース・スビーズ	sauce Soubise
ソース・ディアーブル	sauce diable
ソース・ナンテュア	sauce Nantua
ソース・ビガラード	sauce à la bigarade
	sauce bigarade
ソース・ピカント	sauce piquante
ソース・フィナンシエール	sauce financière
ソース・ブール・ブラン	sauce beurre blanc
ソース・プーレット	sauce poulette
ソース・ブルギニヨンヌ	sauce bourguignonne
ソース・フルーレット	sauce fleurette
ソース・ベアルネーズ	sauce béarnaise
ソース・ベシャメル	sauce Béchamel
ソース・ペリグー	sauce Périgueux
ソース・ベルシー	sauce Bercy
ソース・ボルドレーズ	sauce bordelaise
ソース・ボロネーズ	sauce bolognaise
ソース・ポワヴラード	sauce poivrade

ソース

ソース・マデール	sauce madère
ソース・マヨネーズ	sauce mayonnaise
ソース・マリニエール	sauce marinière
ソース・マルシャン・ド・ヴァン	sauce marchand de vin
ソース・マルテーズ	sauce maltaise
ソース・ムスリーヌ	sauce mousseline
ソース・メートル・ドテル	sauce maître d'hôtel
ソース・モルネー	sauce Mornay
ソース・ラヴィゴット	sauce ravigote
ソース・ルイユ	sauce rouille
ソース・レムラード	sauce rémoulade
ソース・ロベール	sauce Robert
アイヨリソース	sauce aïoli
赤ワインソース	sauce au vin rouge
甘ずっぱいソース	sauce aigre-douce
オーロラソース	sauce aurore
軽やかなブール・ブラン	beurre blanc mousseux
カレー風味のソース	sauce au curry

ソース

クリームソース	sauce à la crème (ソース ア ラ クレーム)
グリーンソース	sauce verte (ソース ヴェルト)
グリーンペッパーソース	sauce au poivre vert (ソース オ ポワーヴル ヴェール)
白ワインソース	sauce au vin blanc (ソース オ ヴァン ブラン)
スパイス風味のソース	sauce épicée (ソース エピセ)
タルタルソース	sauce tartare (ソース タルタール)
トリュフソース	sauce aux truffes (ソース オ トリュフ)
二種のソース添え	...aux deux sauces (オ ドゥ ソース)
バーベキューソース	sauce B.B.Q (ソース ベベキュ)
バターソース	sauce au beurre (ソース オ ブール)
バルサミコ風味のソース	sauce au vinaigre balsamique (ソース オ ヴィネーグル バルサミック)
ブラウンソース	sauce brune (ソース ブリュンヌ)
ホワイトソース	sauce blanche (ソース ブランシュ)
マスタードソース	sauce moutarde (ソース ムータルド)
ミント風味のソース	sauce à la menthe (ソース ア ラ マント)
	sauce menthe (ソース マント)
ソーセージ	saucisse (ソシス)
ソーセージ（大）	saucisson (ソシソン)

そらまめ

ガーリックソーセージ	saucisson à l'ail
シポラタソーセージ	chipolata
セルヴラソーセージ	cervela
フランクフルトソーセージ	saucisse de Francfort
ソーセージやハムの盛り合わせ	assiette de charcuterie
ソーセージのグリエ	saucisse grillée
ソーセージのブリオシュ包み	saucisson en brioche
そば、そばの実	sarrasin
	blé noir
そば粉の〜	...à la farine de sarrasin
そば粉のガレット	galette de sarrasin
挽き割りそば	semoule de sarrasin
そら豆	fèves
そら豆添え、そら豆入り	...aux fèves
小粒のそら豆添え、入り	...aux petites fèves
	...aux févettes
そら豆のグリエ	fèves grillées
そら豆のスープ	soupe de fèves

そらまめ

そら豆のなめらかスープ	soupe passée de fèves
そら豆のピュレ	purée de fèves
フレッシュなそら豆のエテュヴェ	fèves fraîches étuvées

ソリレス（鶏の尻先肉）

ソリレス（鶏の尻先肉）	sot-l'y-laisse
ソリレスの串焼き	brochette de sot-l'y-laisse
ソリレスのモリーユ茸添え	sot-l'y-laisse aux morilles

ソルベ、シャーベット

ソルベ、シャーベット	sorbet
本日のソルベ	assiette de sorbet du jour
三種の風味のソルベ	sorbets aux trois parfums
ソルベの盛り合わせ	assiette de sorbets
季節のソルベ盛り合わせ	assiette de sorbets de saison
ソルベとアイクリームのアソート	grand assortiment des sorbets et glaces

たい

ターメリック	curcuma (キュルキュマ)
ターメリック風味	...au curcuma (オ キュルキュマ)
鯛*	dorade (ドラード)
真鯛	dorade japonaise (ドラード ジャポネーズ)
真鯛のグリエ	dorade japonaise grillée (ドラード ジャポネーズ グリエ)
黒鯛	daurade royale* (ドラード ロワイヤル)

*フランスの daurade royale は日本の黒鯛に似た(種類は異なる)鯛で、地中海産が有名。たんに daurade と略して表記されることもある。

黒鯛のオーブン焼き	daurade royale au four (ドラード ロワイヤル オ フール)
黒鯛のブレゼ	daurade royale braisée (ドラード ロワイヤル ブレゼ)
鯛のオーブン焼き	dorade rôtie au four (ドラード ロティ オ フール)
鯛のグリエ	dorade grillée (ドラード グリエ)
鯛のセヴィーチェ	ceviche de dorade (セヴィッシュ ドゥ ドラード)
鯛のタジーヌ	tajine de dorade (タジーヌ ドゥ ドラード)
鯛のファルシ	dorade farcie (ドラード ファルシ)
鯛のフィレのさっと焼き	filet de dorade juste cuit (フィレ ドゥ ドラード ジュスト キュイ)
鯛のフィレのポワレ	filet de dorade poêlé (フィレ ドゥ ドラード ポワレ)
鯛のブレゼ	dorade braisée (ドラード ブレゼ)
鯛のわら蒸し焼き	dorade cuite sur litière (ドラード キュイット スュル リティエール)

だいこん

大根 (白)	radis blanc
大根 (黒)	radis noir
大根のフォワグラ添え	radis au foie gras
タイム	thym
タイム風味	…au thym
生のタイム	thym frais
〜のタイム包み	〜en croûte de thym
タイムの枝添え	…aux brindilles de thym
タイムの花風味	…à la fleur de thym
タイムの花風味のジュ	jus fleur de thym
たいら貝、はぼうき貝	pinne
たけのこ添え	…aux pousses de bambou
たけのこのグリエ	pousses de bambou grillées
たげり	vanneau
たげりのロティ	vanneau rôti
たこ	poulpe
たこのサラダ	salade de poulpe
たこのプロヴァンス風	poulpe à la provençale

たまご

だし	"dashi", bouillon "dashi"
だし風味	...au "dashi"
タジーヌ	tajine
仔羊肉入りタジーヌ	tajine d'agneau
タタン風	...façon tatin
たちうお	sabre
	ceinture d'argent
たちうおのグリエ	sabre grillé
ダッコワーズ	dacquoise
タピオカ	tapioca
	perles du Japon
タピオカ入り	...au tapioca
タプナード	tapenade
タプナード添え	...à la tapenade
タブレ	taboulé
卵	œuf (単数)
	œufs (複数)
やわらかい半熟卵	œufs à la coque

たまご

固めの半熟卵	œufs mollets
固ゆで卵	œufs durs
固ゆで卵のマヨネーズ風味（ウフ・マヨネーズ）	œufs durs à la mayonnaise
温泉卵	œufs façon "onsen"
ポーチトエッグ	œufs pochés
ポーチトエッグ、トーストのせ	œufs pochés sur toast
ポーチトエッグ、ムーレットソース添え	œufs en meurette
ポーチトエッグ添え	...à l'œuf poché
ポーチトエッグ、ほうれん草にのせて	œufs pochés sur lit d'épinards
揚げ卵	œufs frits
ココット卵	œufs en cocotte
ココット卵、細切りトースト添え	œufs en cocotte avec mouillette
卵のアスピック	aspic d'œuf
卵のショーフロワ	chaud-froid d'œuf
卵のファルシ	œufs farcis
卵のブルイヤード、黒トリュフ入り	brouillade d'œuf aux truffes noires

たまねぎ

卵のマリネ添え	...aux œufs marinés
目玉焼き	œufs sur le plat
	œufs poêlés
ハムエッグ	œufs au jambon
ベーコンエッグ	œufs au bacon
玉ねぎ	oignon
春玉ねぎ	oignon de printemps
新玉ねぎ	oignon doux*

* oignon doux は「甘い玉ねぎ」の意味。色の白い、辛みのない玉ねぎで、日本の新玉ねぎに相当する。

葉付き玉ねぎ、オニオン・ヌーヴォー、チポロット	oignons nouveaux
玉ねぎのヴルーテ	velouté d'oignons
玉ねぎのカラメリゼ添え	...aux oignons caramélisés
玉ねぎのグラッセ	oignons glacés
玉ねぎのコンフィ	oignons confits
玉ねぎのコンフィチュール	confiture d'oignons
玉ねぎのコンポート添え	...à la compote d'oignons
玉ねぎのスープ	soupe à l'oignon

たまねぎ

玉ねぎのタルト	tarte à l'oignon
玉ねぎのピュレ	purée d'oignons
玉ねぎのファルシ	oignons farcis
玉ねぎのフォンデュ添え	...à la fondue d'oignons
玉ねぎのマーマレード	marmelade d'oignons
新玉ねぎ添え	...aux oignons doux
新玉ねぎのカラメリゼコンポート	compotée caramélisée d'oignons doux
新玉ねぎのコンソメ	consommé d'oignons doux
新玉ねぎのトゥルト	tourte aux oignons doux
葉付き玉ねぎ添え	...aux oignons nouveaux
葉付き玉ねぎのオリーブ油炒め	oignons nouveaux revenus à l'huile d'olive
葉つき玉ねぎのショーフロワ	chaud-froid d'oignons nouveaux
葉付き玉ねぎのチョリソ添え	oignons nouveaux au chorizo
葉付き玉ねぎのポワレ	poêlée d'oignons nouveaux
フライドオニオン	oignons frits
タマリンド	tamarin

たら

タマリンド風味	...au tamarin
タマリンドのコンディマン（薬味）	condiment tamarin
たら*	cabillaud
	morue fraîche

* morue はたら類の総称だが、料理においては干だら、塩漬けだらを指すのが一般的。生のたらは cabillaud。ただし少々大衆的なイメージなためか、生でも morue と記すことがある。

真だら	morue grise
塩だら、干だら	morue
甘塩のたら	morue demi-sel
たらの黄金焼き	cabillaud doré
たらの厚切りのロティ	dos* de cabillaud rôti

* dos は背の意味。dos de cabillaud というと、たらのフィレから切り取るぶ厚い切り身のこと。pavé と同意。

たらのブレゼ	cabillaud braisé
たらの弱火蒸し	cabillaud cuit lentement à la vapeur douce
たらのロティ、イベリコハム風味	dos de cabillaud rôti au jambon ibérique
生だらの厚切りの粗塩風味	pavé de morue fraîche au gros sel
生だらのポワレ	morue fraîche poêlée

たら

真だらのステーキ	steak de morue grise
真だらのソテー	morue grise sautée
干だらのブランダード	brandade de morue
たらこ入り、たらこ風味	...aux œufs de cabillaud
タラマ	tarama
タルタルステーキ	steak tartare
〜のタルタル仕立て	〜à la tartare
タルティーヌ	tartine
タルト	tarte
タルトレット	tartelette
タルト・サブレ	tarte sablée
タルト・タタン	tarte Tatin
タルト・ブルダルー	tarte Bourdaloue
タルト・リンツェール	tarte Linzer
かりっと焼いたタルト	tarte croustillante
タルムーズ	talmouse
チーズ風味のタルムーズ	talmouse au fromage
淡水魚	poisson d'eau douce

淡水魚のナージュ	nage de poissons d'eau douce
たんぽぽの葉添え	...aux feuilles de pissenlit
たんぽぽとベーコンのサラダ	salade de pissenlit au lard
〜チーズ風味、〜チーズ入り	...au fromage de 〜
チーズ・フォンデュ	fondue suisse
チーズ入りシュー	choux au fromage
チーズケーキ	gâteau au fromage
	cheesecake
チーズストロー	paillettes au fromage
チーズトースト	toast au fromage
チーズのアリュメット	allumettes au fromage
チーズのスフレ	soufflé au fromage
チーズのベニェ	beignets au fromage
チーズ風味のパヌケ	pannequets au fromage
チキンパイ	chicken-pie
チコリ	chicorée
チコリのサラダ	salade de chicorée
茶の香気蒸し	...à la vapeur de thé

ちゃ

緑茶蒸し	...à la vapeur de thé vert
紅茶のグラニテ	granité au thé anglais
ラプサンスーチョン風味	...au thé lapsang souchong
燻製茶風味のバターソース添え	...au beurre de thé fumé
中国の白茶風味	...au thé blanc de Chine
チャツネ	chutney
昔懐かしいチャツネ	chutney d'autrefois
〜のチャツネ	chutney de 〜
チューリップ型に入れて	...en tulipe
〜の調味料で	...à l'assaisonnement de 〜
三種類の調味料で	...aux trois assaisonnements
チョコレート風味、入り	...au chocolat
ビターチョコレート風味、入り	...au chocolat noir
ミルクチョコレート風味、入り	...au chocolat lacté
赤道直下産チョコレート風味	...au chocolat d'Equateur
チョコレートシロップ	sirop au chocolat
チョコレートソース	sauce au chocolat
	sauce chocolat

チョコレート

チョコレートソース添え	...à la sauce au chocolat
チョコレートのアイスクリーム	glace au chocolat
	glace chocolat
チョコレートのクーラン (クーラン・ショコラ)	coulant au chocolat
チョコレートのグラタン	gratin de chocolat
チョコレートのクランブル	crumble au chocolat
チョコレートのクルスティヤン	croustillant au chocolat
チョコレートのグルマンディーズ	gourmandise au chocolat
チョコレートのスープ	soupe au chocolat
チョコレートのタルト	tarte au chocolat
チョコレートの薄片	feuilles de chocolat
チョコレートのプディング	pudding au chocolat
チョコレートのふんわりガトー、温かくして	gâteau moelleux au chocolat servi tiède
チョコレートのベニェ	beignet au chocolat
チョコレートのマルキーズ	marquise au chocolat
チョコレートのミルフイユ	mille-feuille au chocolat
チョコレートのムース	mousse au chocolat

チョコレート

チョコレートのモワルー（ふんわりガトー・ショコラ）	moelleux au chocolat
チョコレートを使った一皿	assiette au chocolat
トリュフチョコレート	truffes au chocolat
	truffes en chocolat
とろけるビターチョコレートのタルト	tarte fondante au cacao amer
とろとろチョコレートビスキュイ	biscuit de chocolat coulant
ビターチョコレートの温かいタルトレット	tartelettes tièdes au chocolat noir
ビターチョコレートのソルベ	sorbet au chocolat amer
ビターチョコレートのトゥルト	tourte au chocolat noir
ビターチョコレートのとろとろタルト	tarte fondante au cacao amer
ホワイトチョコレートのアイスクリーム	glace au chocolat blanc
ミルクチョコレートのタルト	tarte au chocolat au lait
チョリソ	chorizo
チョリソ風味、チョリソ入り	…au chorizo
ちょろぎ	crosnes
ちょろぎのバターあえ	crosnes au beurre

ちょろぎのポワレ	poêlée de crosnes
つぐみ	grive
	merle
つぐみの串焼き	grives à la broche
つばめの巣入りスープ	soupe aux nids d'hirondelle
つる菜	tétragone
つる菜のピュレ	purée de tétragone
ティラミス	tiramisu
ディル	aneth
ディル風味	…à l'aneth
デーツ、なつめやし	dattes
デーツ風味、入り、添え	…aux dattes
デーツのベーコン巻き	dattes au lard
テュイル	tuiles
テュイル添え	…aux tuiles
オレンジ風味のテュイル	tuiles à l'orange
ゴマ風味のテュイル・ダンテル	tuiles dentelles au sésame
テュルボ (→ひらめ p.185)	turbot

テリーヌ

テリーヌ	terrine
〜のテリーヌ仕立て	〜en terrine
〜の天ぷら	〜en tempura
とうがらし	piment
赤とうがらし	piment rouge
青とうがらし	piment vert
赤とうがらし風味	...au piment rouge
とうがらしのコンディマン（薬味）	condiment pimenté
とうがらしオイル風味	...à l'huile de piment
豆乳	lait de soja
豆乳入り、豆乳風味	...au lait de soja
豆腐	tofu
豆腐のミルフイユ	mille-feuille de tofu
とうもろこし	maïs
とうもろこしの粒添え、入り	...aux grains de maïs
とうもろこしのグラタン	gratin de maïs
とうもろこしのグリエ	maïs frais grillé
とうもろこしのスープ	soupe au maïs

とこぶし

とうもろこしのピュレ	purée de maïs
とうもろこしをゆでたもの	maïs frais au naturel
ヤングコーン添え	...aux petits épis
スイートコーン添え	...au maïs doux
トゥルト*	tourte

*タルト tarte との違いは、上面をパイ生地ですっぽり覆ってあること。

新玉ネギのトゥルト	tourte aux oignons doux
トースト (パン)	toast
	pain grillé
バタートースト	toast beurré
パン・ド・カンパーニュのトースト	pain de campagne grillé
	pain de campagne toasté
かりかりムイエット (細切りトースト)	mouillette croustillante
にんにく風味のムイエット	mouillette aillée
ドーナッツ	doughnuts
〜のドーブ	〜en daube
とこぶし	oreille de Saint-Pierre
とこぶしのポワレ	oreilles de Saint-Pierre poêlées

どじょう

どじょう	loche
となかい	renne
となかい腰肉のラグー	longe de renne en ragoût
とびうお	exocet
とびうおのフリット	exocet frit
トマト	tomate
チェリートマト	tomates cerises
グリーントマト	tomate verte
フレッシュトマト添え	...à la tomate fraîche
ドライトマト	tomates séchées
トマトのコンカッセ*	tomate concassée

＊トマト・コンカッセ tomate concassée は生のトマトを粗くきざんだもの。コンカッセ・ド・トマト concassée de tomates は粗くきざんだトマトを煮たもの。

コンカッセ・ド・トマト	concassée de tomates
トマトソース	sauce tomate
トマトのクーリ添え	...au coulis de tomate
生トマトのクーリ添え	...au coulis de tomate crue
トマトとバジリコ風味	...à la tomate et au basilic

トマト

トマトのコンフィ	tomate confite
	confit de tomate
トマトのコンフィ添え	...à la tomate confite（単数）
	...aux tomates confites（複数）
トマトフォンデュ	fondue de tomate
トマトのアスピック	aspic de tomate
トマトのヴルーテ	velouté de tomates
トマトのグラティネ	tomates gratinées
トマトのクリームポタージュ	crème de tomates
トマトのグリエ	tomates grillées
トマトのことこと煮	tomates mijotées
トマトのコンフィ、12の香り	tomate confite farcie aux douze saveurs
トマトのコンフィテュール	confiture de tomates rouges
トマトのコンフィのタルト	tarte à la tomate confite
トマトのスープ	soupe de tomates
トマトのスフレ	soufflé aux tomates
トマトのスュック、ヴィネガー風味	suc de tomate vinaigré

トマト

トマトのソテー	tomates sautées
トマトのソルベ	sorbet à la tomate
トマトのタルタル	tartare de tomates
トマトのタルト	tarte de tomates
フレッシュトマトの冷たいスープ	soupe glacée de tomates fraîches
トマトのピクルス	pickles de tomate
トマトのプロヴァンス風	tomates à la provençale
トマトのポタージュ	potage aux tomates
トマトのミルフイユ	mille-feuille de tomate
トマトのコンフィとなすのティヤン	tian de tomate confite et aubergine
トマトとモッツァレラチーズ	tomates à la mozzarella
グリーントマトのコンフィチュール	confiture de tomates vertes
グリーントマトの酢漬け	tomates vertes au vinaigre
トマトファルシ	tomates farcies
トマトのあつあつファルシ	tomates farcies chaudes
トマトのツナ詰め	tomates farcies au thon
トマトのライス詰め	tomates farcies de riz

赤いベリーのトライフル	trifle aux fruits rouges
ドライフルーツ（干し果物）	fruits sechés *

* fruits séchés は乾燥フルーツ（干しあんず、干しいちじくなど）を意味し、fruits secs というとナッツ（くるみ、アーモンドなど）を指す。

ドライフルーツ添え	...aux fruits sechés
トランペット茸、くろらっぱたけ	trompettes de la mort
	trompettes des morts
トランペット茸添え、入り	...aux trompettes de la mort
トランペット茸のムニエル	trompettes de la mort à la meunière
鶏 *、若鶏	volaille
	poulet

* volaille は家禽の意味だが、特に鶏を指す。fond de volaille は鶏のフォン。料理名には、鶏丸一羽を調理したものには poulet を使うが、切り身料理には volaille のほうが品がよいとされる。

〜鶏（例・伊達鶏）	volaille "Date-dori"
ブレス産鶏	volaille de Bresse
肥育鶏	poularde
去勢鶏	chapon
ひな鶏	poussin

とり

鶏胸肉*	suprêmes de volaille (シュプレーム ドゥ ヴォライユ)
	blanc de volaille (ブラン ドゥ ヴォライユ)

* suprême は「最高のもの」、blanc は「白い」を意味し、鶏の胸肉を表わすメニュー上の美称。
胸肉は poitrine（ポワトリーヌ）とも言う。ささみは petit filet（プティ・フィレ）。

鶏もも肉	cuisses de volaille (キュイス ドゥ ヴォライユ)
鶏手羽先	ailerons de volaille (エルロン ドゥ ヴォライユ)
鶏肉のガランティーヌ	galantine de volaille (ガランティーヌ ドゥ ヴォライユ)
鶏肉のクロケット	croquettes de volaille (クロケット ドゥ ヴォライユ)
鶏肉のサラダ	salade de volaille (サラド ドゥ ヴォライユ)
鶏肉のサラダ、中華風	salade de volaille à la chinoise (サラド ドゥ ヴォライユ ア ラ シノワーズ)
鶏肉のテリーヌ	terrine de volaille (テリーヌ ドゥ ヴォライユ)
鶏肉のゼリー寄せテリーヌ	terrine de volaille en gelée (テリーヌ ドゥ ヴォライユ アン ジュレ)
鶏肉のパテ	pâté de volaille (パテ ドゥ ヴォライユ)
鶏肉のブランケット	blanquette de volaille (ブランケット ドゥ ヴォライユ)
鶏のヴルーテ	velouté de volaille (ヴルーテ ドゥ ヴォライユ)
鶏のクリームポタージュ	crème de volaille (クレーム ドゥ ヴォライユ)
鶏のコンソメスープ	consommé de volaille (コンソメ ドゥ ヴォライユ)
鶏のコンソメで	...en consommé de volaille (アン コンソメ ドゥ ヴォライユ)
鶏もも肉のポワレ	cuisse de volaille poêlée (キュイス ドゥ ヴォライユ ポワレ)

とり

鶏のジュ	jus de volaille
鶏のジュ添え	...au jus de volaille
鶏のフリカッセ	fricassée de volaille
若鶏のカレー	curry de poulet
	cari de poulet
若鶏の串焼き	poulet cuit à la broche
若鶏のグリエ	poulet grillé
若鶏のココット焼き	poulet en cocotte
若鶏の塩包み焼き	poulet en croûte de sel
若鶏のジュ	jus de poulet
若鶏のショーフロワ	chaud-froid de poulet
若鶏のゼリー寄せ	poulet en gelée
若鶏のソテー、ソテー煮込み	poulet sauté
若鶏のソテー煮込み、ヴィネガー風味	poulet sauté au vinaigre
若鶏の粘土包み焼き	poulet en croûte d'argile
若鶏のバロティーヌ*	ballottine de poulet

＊ガランティーヌ galantine と似ているが、ガランティーヌはテリーヌ型に、バロティーヌは布巾に包むところが異なる。商品の荷 balle、あるいはボール balle に似ているからとか。

若鶏のファルシのロティ	poulet farci rôti

とり

若鶏のポジャルスキ風	poulet en pojarski (プーレ アン ポジャルスキ)
若鶏の骨抜きファルシ	poulet désossé et farci (プーレ デゾッセ エ ファルシ)
若鶏のポワレ	poulet poêlé (プーレ ポワレ)
若鶏のマヨネーズあえ	poulet à la mayonnaise (プーレ ア ラ マヨネーズ)
若鶏の丸ごとポワレ	poulet poêlé entier (プーレ ポワレ アンティエ)
若鶏の密閉ココット焼き	poulet en cocotte lutée (プーレ アン ココット リュテ)
若鶏の胸肉、トリュフ詰め	suprême de poulet truffé (シュプレーム ドゥ プーレ トリュフェ)
若鶏の四分の一羽	quart de poulet (キャール ドゥ プーレ)
若鶏ゆで肉	poulet bouilli (プーレ ブイイ)
肥育鶏のヴルーテ	velouté de poularde (ヴルーテ ドゥ プーラルド)
肥育鶏のドミドフ風	poularde Demidof (プーラルド ドゥミドフ)
肥育鶏のトリュフ刺し、トリュフ詰め	poularde truffée (プーラルド トリュフェ)
肥育鶏のバロティーヌ	ballottine de poularde (バロティーヌ ドゥ プーラルド)
肥育鶏のブレゼ	poularde braisée (プーラルド ブレゼ)
肥育鶏の膀胱包み	poularde en vessie (プーラルド アン ヴェシー)
肥育鶏のポワレ	poularde poêlée (プーラルド ポワレ)
ブレス産肥育鶏のもも肉	cuisse de poularde de Bresse (キュイス ドゥ プーラルド ドゥ ブレス)
去勢鶏のロティ	chapon rôti (シャポン ロティ)

トリュフ

ひな鶏のグリエ	poussin grillé（プッサン グリエ）
ひな鶏のフリット	poussin frit（プッサン フリ）
プーロポ（詰め物をした鶏肉のゆで煮）	poule au pot（プー ロ ポ）
プーロポのファルシ	poule au pot farcie（プー ロ ポ ファルシ）
鶏レバー添え	...aux foies de volaille（オ フォワ ドゥ ヴォライユ）
鶏の白レバー	foies blonds de volaille（フォワ ブロン ドゥ ヴォライユ）
鶏レバーのテリーヌ	terrine de foies de volaille（テリーヌ ドゥ フォワ ドゥ ヴォライユ）
鶏レバーのパテ	pâté de foie de volaille（パテ ドゥ フォワ ドゥ ヴォライユ）
鶏レバーのムース	mousse de foies de volaille（ムース ドゥ フォワ ドゥ ヴォライユ）
鶏レバーのガトー	gâteau de foies de volaille（ガトー ドゥ フォワ ドゥ ヴォライユ）
ドリアン	durian（デュリヤン）
トリュフ、黒トリュフ	truffe（トリュフ）
	truffe noire（トリュフ ノワール）
トリュフ風味	...à la truffe（ア ラ トリュフ）
フレッシュ・トリュフ	truffe fraîche（トリュフ フレーシュ）
黒トリュフの香りで	...au parfum de truffe noire（オ パルファン ドゥ トリュフ ノワール）
黒トリュフのラペ	râpée de truffe noire（ラペ ドゥ トリュフ ノワール）
トリュフをつぶしたもの添え	...à la truffe écrasée（ア ラ トリュフ エクラゼ）

トリュフ

アルバ産白トリュフ	truffe blanche d'Alba
白トリュフ風味	...à la truffe blanche
サマートリュフ	truffe d'été
ジュ・ド・トリュフ添え	...au jus de truffes
トリュフのピュレ添え	...à la purée de truffes
トリュフソース	sauce aux truffes
トリュフバター添え	...au beurre de truffes
黒トリュフのスープ	soupe aux truffes noires
トリュフのアイスクリーム	glace aux truffes
トリュフの紙包み焼き	truffe en papillote
トリュフのクーリ	coulis de truffes
トリュフのサラダ	salade de truffes
トリュフの塩包み焼き	truffes sous le sel
トリュフの灰焼き	truffes sous la cendre
びっくりトリュフ	truffe surprise
フレッシュ・トリュフのサラダ	salade de truffes fraîches
フレッシュ・トリュフのフイユテ	feuilleté de truffes fraîches
〜のトリュフ包み	〜en croûte de truffe

トンカまめ

トロピカルフルーツ	fruits exotiques（フリュイ エグゾティック）
トロピカルフルーツのグルマンディーズ	gourmandise aux fruits exotiques（グルマンディーズ オ フリュイ エグゾティック）
トロピカルフルーツのソルベ	sorbet aux fruits exotiques（ソルベ オ フリュイ エグゾティック）
トロピカルフルーツのメレンゲ	meringue de fruits exotiques（ムラング ドゥ フリュイ エグゾティック）
トンカ豆	fèves de tonka（フェーヴ ドゥ トンカ）
トンカ豆風味	…aux fèves de tonka（オ フェーヴ ドゥ トンカ）
トンカ豆のかけら添え	…aux éclats de fève de tonka（オ ゼクラ ドゥ フェーヴ ドゥ トンカ）
トンカ豆風味のバターソース添え	…au beurre de fève de tonka（オ ブール ドゥ フェーヴ ドゥ トンカ）

ナージュ

ナージュ*	nage (ナージュ)

＊泳ぐ nager から派生した言葉で、甲殻類や魚介をそれが泳げるほどの量の液体に浸して供した料理。または、それをゆでた液体（クール・ブイヨンなど）。

〜のナージュ	〜en nage (アン ナージュ)
〜の濃いナージュ	〜en nage corsée (アン ナージュ コルセ)
〜の冷たいナージュ	〜en nage glacée (アン ナージュ グラッセ)
〜のナヴァラン	〜en navarin (アン ナヴァラン)
〜の春のナヴァラン	〜en navarin printanier (アン ナヴァラン プランタニエ)
長ねぎ入り、添え	...aux ciboules (オ シブール)
なす	aubergine (オーベルジーヌ)
なす添え、なす入り	...aux aubergines (オ ゾーベルジーヌ)
なすの果肉のコンフィ	pulpe d'aubergine confite (ピュルプ ドーベルジーヌ コンフィット)
なすのキャヴィア仕立て	caviar d'aubergine (キャヴィヤール ドーベルジーヌ)
なすのグラタン	aubergines au gratin (オーベルジーヌ オ グラタン)
なすのグリエ	aubergines grillées (オーベルジーヌ グリエ)
なすのコンポート	compotée d'aubergines (コンポテ ドーベルジーヌ)
なすのソテー	aubergines sautées (オーベルジーヌ ソテ)
なすのニョッキ	gnocchi d'aubergine (ニョッキ ドーベルジーヌ)
なすのパプトン	papeton d'aubergines (パプトン ドーベルジーヌ)

ナンプラー

なすのピュレ	purée d'aubergines
なすのファルシ	aubergines farcies
なすのフリット	aubergines frites
なすのマーマレード	marmelade d'aubergines
なすのマリネ	aubergines marinées
なすのミルフイユ	mille-feuille d'aubergine
揚げなすのプレッセ	pressé d'aubergines frites
くし形に切ったなすのコンフィ	quartiers d'aubergine confits
米なす	monstrueuse de New York
なたね油風味	...à l'huile de colza
ナッツ、木の実	fruits secs
ナッツ添え	...aux fruits secs
ナッツメッグ	noix de muscade
ナッツメッグ風味	...à la noix de muscade
ななかまど	alise
ななかまどのコンフィ	alise confite
なまず	silure
ナンプラー風味	...à la sauce nam pla

にく

肉のグリエの盛り合わせ	grillade de viandes
にじます	truite arc-en-ciel
にじますのアーモンド風味	truite arc-en-ciel aux amandes
にしん	hareng
にしんのマリネ	harengs marinés
ニョクマム風味	...à la sauce nuoc-mâm
ニョッキ	gnocchi
緑と白のニョッキ	gnocchi verts et blancs
にんじん	carotte
にんじん添え、にんじん入り	...aux carottes
にんじんのやわらか煮添え	...aux carottes fondantes
にんじんのラペ	carottes râpées
新にんじんのココット煮	carottes nouvelles confites en cocotte
にんじんとオレンジのサラダ	salade de carotte à l'orange
にんじんのヴィシー風	carottes à la Vichy / carottes Vichy
にんじんのグラッセ	carottes glacées

にんじんのクリームあえ	carottes à la crème
にんじんの香草風味	carottes aux fines herbes
にんじんのバターあえ	carottes au beurre
にんじんのパヌケ	pannequets aux carottes
にんじんのピュレ	purée de carottes
にんじんのロティ	carottes rôties
にんじんのふんわりガトー	gâteau de carottes fondantes
にんにく	ail
にんにく片	gousse d'ail
にんにく風味	...à l'ail
新にんにく風味	...à l'ail nouveau
にんにく添え	...aux gousses d'ail
皮つきにんにく添え	...aux gousses d'ail en chemise
にんにくの香りで	...au parfum d'ail
にんにくのピュレ	purée d'ail
にんにく風味のクリームソース	sauce à la crème d'ail
にんにくの軽いソース	sauce légère à l'ail
にんにくのジュ	jus d'ail

にんにく

にんにくのタルティーヌ添え	... avec les tartines d'ail
にんにくの花びら	pétales d'ail
にんにく風味のブイヨン添え	...au bouillon d'ail
ガーリックオイル風味	...à l'huile d'ail
ヌードル添え	...aux nouilles
手打ちのヌードル	nouilles fraîches
緑のヌードル	nouilles vertes
ヌードルスープ	potage aux nouilles
ヌードルのからすみあえ	nouilles à la poutargue
ヌガー風味、ヌガー入り	...au nougat
ソフトヌガー	nougat tendre
ヌガーのアイスクリーム	glace au nougat
ヌガー・グラッセ	nougat glacé
ネクタリンのロティ	néctarine rôtie
ねずの実（ジュニパーベリー）	genièvre
ねずの実風味	...au genièvre
ねずの実添え	...aux baies de genièvre
つぶしたねずの実風味	...au genièvre écrasé

根セロリ	céleri-rave
	céleri
根セロリのジュリエンヌ	céleri en julienne
根セロリのピュレ	purée de céleri-rave
根セロリのベーコン風味	céleri au lard fumé
根セロリのレムラード	céleri en rémoulade
海苔	algue "nori"
青海苔風味	...à l'algue "ao-nori"
のれそれ	alevins de congre
のれそれのヴィネグレットあえ	alevins de congre en vinaigrette

パースニップ

パースニップ、アメリカぼうふう	panais
バーニャ・カウダ	bagna cauda
ハーブ	herbes*
	herbes aromatiques

＊ herbes には香草のほかに、スープやサラダや付け合せに使う葉野菜（クレソン、ほうれん草、サラダ菜、オゼイユなど）、香味野菜（セロリなど）の意味もある。

ハーブ添え、ハーブ風味	...aux herbes
	...aux herbes aromatiques
フレッシュハーブ風味	...aux herbes fraîches
ハーブソース	sauce aux herbes
春のハーブ	herbes printanières
春のハーブ添え、風味	...aux herbes de printemps
	...aux herbes printanières
春のハーブと野菜	herbes et légumes de printemps
タイのハーブ風味	...aux herbes thaï
ハーブのヴィネグレット添え	...à la vinaigrette d'herbes
ハーブのサラダ、田園風	salade pastorale aux herbes
ハーブのジュ添え	...au jus d'herbes
ハーブと海藻のナージュ	nage d'herbes et d'algues

はいやき

折りパイ (→フイユテ p.187)	feuilleté (フイユテ)
〜のパイ包み	〜en croûte (アン クルート)
ばい貝	buccin (ビュクサン)
ばい貝のポシェ	buccins pochés (ビュクサン ポシェ)
パイナップル	ananas (アナナ(ス))
生のパイナップル	ananas frais (アナナ(ス) フレ)
パイナップル入り、パイナップル風味	…à l'ananas (ア ラナナ(ス))
アイスクリームを詰めたパイナップル	ananas glacé (アナナ(ス) グラッセ)
パイナップルのコンポート	compote d'ananas (コンポート ダナナ(ス))
パイナップルのソルベ	sorbet à l'ananas (ソルベ ア ラナナ(ス))
	sorbet ananas (ソルベ アナナ(ス))
パイナップルのタルトレット	tartelette à l'ananas (タルトレット ア ラナナ(ス))
パイナップルのぱりぱりチップス	chips d'ananas (シップス ダナナ(ス))
パイナップルのベニェ	beignets d'ananas (ベニェ ダナナ(ス))
パイナップルのミルフイユ	mille-feuille à l'ananas (ミル フイユ ア ラナナ(ス))
パイナップルのロティ	ananas rôti (アナナ(ス) ロティ)
ハイビスカス風味	…à l'hibiscus (ア リビスキュス)
〜の灰焼き	〜sous la cendre (スー ラ サンドル)

は

はいやき

トリュフの灰焼き	truffes sous la cendre
バヴァロワ	bavarois
ヴァニラ風味のバヴァロワ	bavarois à la vanille
パエリャ	paella
白菜	chou chinois
白菜添え	…au chou chinois
バジル	basilic
バジルの葉添え	…aux feuilles de basilic
バジル風味	…au basilic
バジルのシフォナード添え、敷き	…en chiffonnade de basilic
バジルの素揚げ	basilic frits
ぱりっとしたバジルの葉添え	…aux feuilles de basilic croustillantes
バジルオイル風味	…à l'huile de basilic
パスタ	pâtes
貝型パスタ、コンキリエ	coquillettes
蝶型パスタ、ファルファッレ	pâtes papillons
はぜ	gobie

はぜのフリット	gobie frit
パセリ*	persil

*フランスでたんにパセリ persil と書かれている場合は、通常イタリアンパセリ persil plat を示す。日本で一般的なちぢみパセリは、persil frisé と表記。

イタリアンパセリ	persil plat
ちぢみパセリ	persil frisé
パセリ風味	...au persil
パセリのソース	sauce au persil
パセリの素揚げ	persil frit
パセリのムスリーヌ	mousseline de persil
はた	mérou
はたのエマンセのポワレ	émincés de mérou poêlés
はたのセヴィーチェ	ceviche de mérou
バター	beurre
フレッシュバター風味	...au beurre frais
有塩バター風味	...au beurre salé
ドゥミセル（微塩）バター風味	...au beurre demi-sel
ドゥミセルバターの削り片	copeaux de beurre demi-sel
溶かしバター添え	...au beurre fondu

バター

焦がしバター風味、添え	...au beurre noisette
ブール・ムスー添え	...au beurre mousseux
スモークバター	beurre fumé
ハーブバター	beurre aux herbes
フレッシュハーブバター	beurre d'herbes fraîches
バジルバター	beurre de basilic
シブレットバター	beurre de ciboulette
メートル・ドテルバター	beurre maître d'hôtel
赤ピーマンバター	beurre de poivron rouge
クルヴェットバター	beurre de crevettes
ブール・ベルシー	beurre Bercy
蜂蜜	miel
蜂蜜風味	...au miel
アカシアの蜂蜜風味	...au miel d'acacia
栗の蜂蜜風味	...au miel de châtaignier
スパイスを効かせた蜂蜜風味	...au miel épicé
ラヴェンダーの蜂蜜風味	...au miel de lavande
れんげの蜂蜜風味	...au miel d'astragale

パテ

蜂蜜のアイスクリーム	glace au miel
	glace miel
蜂蜜のソルベ	sorbet au miel
	sorbet miel
パッションフルーツ	fruit de la Passion
パッションフルーツ添え、パッションフルーツ風味	au fruit de la Passion
パッションフルーツのスフレ	soufflé au fruit de la Passion
パッションフルーツの熱々スフレ	soufflé chaud au fruit de la Passion
パッションフルーツのソルベ	sorbet au fruit de la Passion
あつあつのパテ	pâté chaud
鶏のパテ	pâté de volaille
豚肉のパテ	pâté de porc
レバーペースト	pâté de foie
パテ・ド・カンパーニュ（田舎風パテ）	pâté de campagne
パテ・アンクルート（パテのパイ包み）	pâté en croûte

はと

鳩*	pigeon (ピジョン)
	pigeonneau (ピジョノー)

*成鳥は pigeon、仔鳩が pigeonneau。ただし、成鳥であってもメニューには pigeonneau と書くことが多い。

鳩のロティ	pigeonneau rôti (ピジョノー ロティ)
鳩のロティ、もも肉のコンフィとともに	pigeonneau rôti et ses cuisses confites (ピジョノー ロティ エ セ キュイス コンフィット)
鳩のグリエ	pigeonneau grillé (ピジョノー グリエ)
鳩胸肉のグリエ	poitrines de pigeonneau grillées (ポワトリーヌ ドゥ ピジョノー グリエ)
骨抜きの鳩のグリエ	pigeonneau désossé grillé (ピジョノー デゾッセ グリエ)
鳩のカスロール焼き	pigeonneau cuit en casserole (ピジョノー キュイ アン カスロール)
鳩のクラポディーヌ	pigeonneau en crapaudine (ピジョノー アン クラポディーヌ)
鳩の燻製	pigeonneau fumé (ピジョノー フュメ)
鳩のココット	pigeonneau en cocotte (ピジョノー アン ココット)
鳩のサラダ	salade de pigeonneau (サラド ドゥ ピジョノー)
鳩のテリーヌのゼリー仕立て	terrine de pigeon en gelée (テリーヌ ドゥ ピジョン アン ジュレ)
鳩のポシェ、スパイス風味	pigeonneau poché aux épices (ピジョノー ポシェ オ ゼピス)
鳩胸肉のフイユテ	suprêmes de pigeonneau en feuilleté (シュプレーム ドゥ ピジョノー アン フイユテ)

鳩のジュ添え	...au jus de pigeon
ハドック (すけそうだらの燻製)	haddock
〜の花添え	...à la fleur de 〜
庭園の花の香り	senteurs de fleurs du jardin
花の天ぷら	tempura de fleurs
バナナ	banane
バナナ風味、バナナ入り	...à la banane
バナナのアイスクリーム	glace aux bananes
	glace banane
バナナのエテュヴェ	banane étuvée
バナナのコンポート	compotée de banane
バナナのスフレ	soufflé aux bananes
バナナのフランベ	bananes flambées
バナナのベニェ	beignets de banane
バナナのロティ	bananes rôties
バニュルス風味	...au banyuls
パヌケ*、パンケーキ	pannequet

*英語のパンケーキ pancake が変化した語。クレープに具をのせて4つに折ったり、丸めたものを言う。具は甘いものだけでなく、塩味のものもある。

パヌケ

コンフィチュール入りパヌケ	pannequets aux confitures
パネットーネ	panettone
ババ・オ・ロム (ババのラム風味)	baba au rhum
パパイヤ	papaye
パパイヤ風味、入り、添え	...à la papaye
パピヨット、紙包み	papillote
〜のパピヨット	〜en papillote
〜のパリパリパピヨット	〜en papillote croustillante
パプリカ	paprika
パプリカパウダー	poudre de paprika
はまあかざ、アローシュ	arroche
はまあかざ添え	...aux arroches
はまぐり	clams
はまぐりのヴァプール	clams à la vapeur
ハム	jambon
加熱ハム	jambon cuit
スモークハム	jambon fumé
骨つきハム	jambon à l'os

ハム

ハムのグリエ	jambon grillé (ジャンボン グリエ)
ハムエッグ	œufs au jambon (ウ オ ジャンボン)
ハムのアスピック	aspic de jambon (アスピック ドゥ ジャンボン)
ハムのスープ	soupe de jambon (スープ ドゥ ジャンボン)
ハムのゼリー寄せ	jambon en gelée (ジャンボン アン ジュレ)
ハムのパイ包み	jambon en croûte (ジャンボン アン クルート)
ハムのブレゼ	jambon braisé (ジャンボン ブレゼ)
ハムのムース	mousse de jambon (ムース ドゥ ジャンボン)
生ハム	jambon cru (ジャンボン クリュ)
生ハム添え	...au jambon cru (オ ジャンボン クリュ)
イベリコハム	jambon ibérique (ジャンボン イベリック)
バスク産生ハム	jambon cru de Basque (オ ジャンボン クリュ ドゥ バスク)
バイヨンヌ産ハム	jambon de Bayonne (ジャンボン ドゥ バイヨンヌ)
	jambon ibaïona (ジャンボン イバイヨーナ)
パルマ産ハム	jambon de Parme (ジャンボン ドゥ パルム)
イベリコハムの薄片	copeaux de jambon ibérique (コポー ドゥ ジャンボン イベリック)
生ハムのチップ	chips de jambon cru (シップス ドゥ ジャンボン クリュ)
生ハムのジュ添え	...au jus de jambon (オ ジュ ドゥ ジャンボン)

はも

はも	"Hamo", poisson "hamo"
	brochet de mer
パリ・ブレスト	Paris-Brest
バルサミコヴィネガー風味	...au vinaigre balsamique
	...au vieux vinaigre de Modène*

*モデナ産の熟成ヴィネガーの意味。バルサミコヴィネガーと同義。

バルサミコのレデュクションで	...en réduction balsamique
パルフェ	parfait
いちごのパルフェ	parfait aux fraises
コーヒー風味のパルフェ	parfait au café
パルフェ・グラッセ	parfait glacé
キャラメル風味のパルフェ・グラッセ	parfait glacé au caramel
ピスタチオ風味のパルフェ・グラッセ	parfait glacé à la pistache
シナモン風味のパルフェ・グラッセ	parfait glacé à la cannelle
パルミエ	palmiers
パルメザン	parmesan
パルメザンのコポー（削り片）	copeaux de parmesan
パルメザンのレースせんべい	dentelles de parmesan

パン

パルメザンの粉末アイスクリーム	air glacé de parmesan
パルメザンのクリーム	crème de parmesan
ハロウィーン風	...Halloween
パロンブ* (→もり鳩 p.225)	palombe

*パロンブ palombe はフランス南西部におけるピジョン・ラミエ piegon ramier（もり鳩）の呼び名。

パロンブのサルミ	palombe en salmis
パロンブのロティ	palombe rôtie
パン	pain
白パン	pain blanc
黒パン	pain noir
イングリッシュブレッド	pain de mie
	pain anglais
全粒粉のパン	pain complet
胚芽入りパン	pain aux germes
オリーヴの実入りパン	pain aux olives
ミルクブレッド	pain au lait
フォカッチャ	focaccia
プティパン	petit pain

パン

ライ麦パン	pain au seigle
レーズンブレッド	pain aux raisins
パンタード（→ほろほろ鳥 p.210）	pintade
パン・デピス	pain d'épice(s)
パン・ド・ジェーヌ	pain de Gênes
パン・バーニャ	pan-bagnat
パン粉	chapelure
パン粉をかけて	...à la chapelure
パンナコッタのラヴェンダー風味	panna cotta à la lavande
ハンバーガー	hamburger
パンプルネル、オランダわれもこう	pimprenelle
パンプルネル添え	...à la pimprenelle
パンペルデュ（フレンチトースト）	pain perdu
昔スタイルのパンペルデュ	pain perdu d'autrefois
パンポル豆（白いんげん豆の一種）	coco de paimpol
ピーカンナッツ添え	...aux noix de pecan
ピーカンナッツのタルト	tarte aux noix de pecan
ビーツ	betterave

ピーマン

ビーツのクリームポタージュ	crème de betteraves
ビーツのサラダ	salade de betteraves
ビーツのチップス添え	...aux chips de betterave rouge
ビーツのピュレ	purée de betteraves
ピーナッツ	cacahuètes*

＊ピーナッツの豆そのものを指す言葉。ピーナッツ油と言う場合は arachide を使う（huile d'arachide）。

ピーナッツ添え、入り	...aux cacahuètes
炒ったピーナッツ	cacahuètes torréfiées
砕いたピーナッツのカラメリゼ添え	...aux cacahuètes caramélisées et écrasées
ピーナッツバター風味	...au peanut butter
カーニバルのビューニュ	bugne de carnaval au sucre
ビーフストロガノフ	bœuf Stroganov
ビーフン添え	...aux nouilles de riz
ピーマン	poivron
	poivron doux
	piment doux
赤ピーマン	poivron rouge

ピーマン

グリーンピーマン	poivron vert
ピキーヨ・ピーマン	pimientos del piquillo
ピーマン添え、ピーマン入り	...aux poivrons doux
赤ピーマンのコンフィ	poivrons rouges confits
ピーマンのテリーヌ	terrine de poivrons doux
ピーマンのバヴァロア	bavarois de poivrons doux
ピーマンのファルシ	poivrons farcis
ピーマンのマリネ、オリーヴ油で	poivrons marinés à l'huile d'olive
赤ピーマンのムース	mousse de poivrons rouges
ビール風味	...à la bière
ビールのアイスクリーム	glace à la bière
ピエ・エ・パケ（羊の足と内臓の煮込み）、マルセイユ風	pieds et paquets marseillais
	pieds-paquets marseillais
ピカタ	piccata
ビガラード、ビターオレンジ、だいだい	bigarade
ビガラード風味	...à la bigarade
ピカリリー	piccalilli
ピカリリーのコンディマン（薬味）	condiment picalilli

ピクルス	pickles
ミックス・ピクルス	mixed pickles
ひげだら	"Higedara", poisson "higedara"
ひげだらのブレゼ	poisson "higedara" braisé
ビゴルノー、たまきび貝	bigorneaux
ピサラ	pissalat
アンチョヴィとケイパーのピサラ	pissalat d'anchois et câpres
ピサラディエール	pissaladière
ひしの実	châtaignes d'eau
ひしの実入り	…aux châtaignes d'eau
ビスキュイ	biscuit
ビスキュイ・ア・ラ・キュイエール	biscuits à la cuiller
ビスキュイ・サブレ	biscuit sablé
ビスキュイ・ド・サヴォワ	biscuit de Savoie
レモンピール風味のビスキュイ	biscuit à l'écorce de citron
半生のビスキュイ	biscuit mi-cuit
オマールのビスク	bisque de homard
甲殻類のビスク	bisque de crustacés

ピスタチオ

ピスタチオ	pistaches (ピスターシュ)
ピスタチオ風味	...à la pistache (ア ラ ピスターシュ)
ピスタチオ入り	...aux pistaches (オ ピスターシュ)
ピスタチオ油風味	...à l'huile de pistache (ア リュイル ドゥ ピスターシュ)
ピスタチオのアイスクリーム	glace à la pistache (グラス ア ラ ピスターシュ)
	glace pistache (グラス ピスターシュ)
ピストゥー	pistou (ピストゥー)
タイ風ピストゥー	pistou thaï (ピストゥー タイ)
ヒソップの香気蒸しで	...à la vapeur d'hysope (ア ラ ヴァプール ディゾップ)
羊	mouton (ムトン)
羊骨付き背肉	côte de mouton (コート ドゥ ムトン)
羊肩肉	épaule de mouton (エポール ドゥ ムトン)
羊もも肉の7時間煮込み	gigot de mouton de sept heures (ジゴ ドゥ ムトン ドゥ セッ トゥール)
羊もも肉のブレゼ	gigot de mouton braisé (ジゴ ドゥ ムトン ブレゼ)
羊もも肉のロティ	gigot de mouton rôti (ジゴ ドゥ ムトン ロティ)
羊肉のロティ	mouton rôti (ムトン ロティ)
	rôti de mouton (ロティ ドゥ ムトン)
羊肉の串焼き	brochettes de mouton (ブロシェット ドゥ ムトン)

羊肉のナヴァラン	navarin de mouton
羊肉のラグー	ragoût de mouton
羊飼い風	...façon bergère
ピッツァ	pizza
小さいピッツァ	pizzas mignonnes
ナポリ風ピッツァ	pizza napolitaine
ピティヴィエ	pithiviers
ビトーク	bitoke
ひばり	alouettes
ひばりのパテ	pâté d'alouettes
ひばりのロティ	alouettes rôties
ピペラード	pipérade, piperade
ピペラード添え	...à la pipérade
ひめじ、ルージェ	rouget
ひめじのフィレ	filets de rouget
ひめじのグリエ	rouget grillé
ひめじのフィレのポワレ	filets de rouget poêlés

ひめじ

ひめじのじゃがいもウロコ包み	rougets en écailles de pomme de terre
ひめじのナージュ	rougets pochés à la nage
ひめじのパピヨット	rougets en papillote
姫ほたて	pétoncles
姫ほたてのポワレ	pétoncles poêlés
ひめます	poisson "himemasou"
ビュッシュ・ド・ノエル	bûche de Noël
チョコレートのビュッシュ	bûche au chocolat
〜のピュレ	〜en purée
ひよこ豆、エジプト豆	pois chiches
ひよこ豆添え	...aux pois chiches
ひよこ豆のピュレ添え	...à la purée de pois chiches
ひらたけ、プルロット茸	pleurotes
ひらたけのソテー	pleurotes sautés
ピラフ	pilaf

ひらめ

ひらめ	"Hirame", poisson "hirame"
	turbot
	barbue
ひらめの小さいもの	turbotin
ひらめの胸肉	blanc de turbot
ひらめの胸肉のロティ	blanc de turbot rôti
ひらめのフィレ	filet de turbot
ひらめのフィレのデュグレレ風	filet de barbue Dugléré
ひらめのフィレのブレゼ	filet de turbot braisé
ひらめのエスカロップ	escalopes de turbot
ひらめの筒切り	tronçon de turbot
ひらめの厚筒切りのロティ	darne de turbot rôtie
ひらめの厚筒切りのブレゼ	darne de turbot braisée
ひらめのブレゼ、シャンパーニュ風味	turbot braisé au champagne
ひらめのグリエ	turbot grillé
ひらめのココット蒸し	turbot en cocotte
ひらめのポワレ、ローストアーモンドで覆って	turbot poêlé recouvert d'amandes torréfiées

ひらめ

ひらめの海藻蒸し	turbot recouvert d'algues fraîches cuit à la vapeur
小ひらめのグージョネット	gougeonnettes de turbotin
小ひらめのブランケット	blanquette de turbotin
ピロシキ	pirojki
びわ	nèfle du Japon
ピンクペッパー	baies roses
	poivre rouge
ピンクペッパー風味、添え	...aux baies roses
	...au poivre rouge
〜の備長炭焼き	...au feu de charbon de bois "Bincho-tan"
ファール・ブルトン	far breton
フィーヌゼルブ*	fines herbes

＊パセリ、シブレット、セルフイユ、エストラゴンなどの香草を（原則的にはハサミで）細かく fines きざんだもの。シブレットについてのみ言う、とする解釈もある。

フィーヌゼルブ入り	...aux fines herbes
〜のフィセル（ひもでくくった）	〜à la ficelle
ブイナーダ風	〜en bullinada

ブイヨン

フィナンシエ	financiers
温かいフィナンシエ	financiers tièdes
ブイヤベース	bouillabaisse
ブイヤベースのジュレ仕立て	bouillabaisse en gelée
	gelée de bouillabaisse
フイヤンティーヌ	feuillantine
パリパリフイヤンティーヌ	feuillantine croquante
アイスクリームのフイヤンティーヌ	feuillantine glacée
フイユテ	feuilleté
〜のフイユテ仕立て	〜en feuilleté
〜のパイ包みスープ	〜en soupe feuilleté
ほたて貝のフイユテ	feuilleté de coquille Saint-Jacques
〜のカリカリフイユテ	〜en feuilleté croustillante
ブイヨン	bouillon
牛肉のブイヨン	bouillon de bœuf
肉のブイヨン	bouillon à la viande
野菜のブイヨン	bouillon de légumes
濃いブイヨン	bouillon corsé

ブイヨン

冷たいブイヨン	bouillon glacé
秋のブイヨン	bouillon d'automne
ブイヨンのひと碗	tasse de bouillon
〜のフィロ包み	〜en phyllo
ブークティエール風	...à la bouquetière
ブーダン	boudin
ブーダン・ノワール（黒ブーダン）	boudin noir
ブーダン・ブラン（白ブーダン）	boudin blanc
クリスマスの白ブーダン、トリュフ入り	boudin blanc de Noël truffé
ブーリッド	bourride
ブーリッドのセート風	bourride sétoise
フェヌグリーク（ころは）の種子	graines de fenugrec
フェヌグリーク風味	...aux graines de fenugrec
フォレ・ノワール	Forêt-Noire
フォワグラ	foie gras
フレッシュフォワグラ	foie gras frais
生のフォワグラ	foie gras cru
鴨のフォワグラ	foie gras de canard

フォワグラ

がちょうのフォワグラ	foie gras d'oie
フォワグラのコンフィ	confit de foie gras
鴨のフォワグラのコンフィ	foie gras de canard confit
がちょうのフォワグラのコンフィ	confit de foie gras d'oie
がちょうのフォワグラのコンフィ、トリュフ風味	confit de foie gras d'oie truffé
鴨のフォワグラのテリーヌ	terrine de foie gras de canard
がちょうのフォワグラのテリーヌ	terrine de foie gras d'oie
フォワグラのマーブルテリーヌ	terrine marbrée de foie gras
フォワグラのパテ	pâté de foie gras
フォワグラのパテ、トリュフ入り	pâté de foie gras truffé
フォワグラの薄切り	escalopine de foie gras
フォワグラのエスカロップ	escalope de foie gras
フォワグラのエスカロップの黄金焼き	escalope de foie gras dorée
フォワグラのエスカロップのポワレ	escalope de foie gras poêlée
厚切りフォワグラのポワレ	grosse tranche de foie gras poêlée
丸ごとフォワグラのポワレ	poêlée de foie gras entier
丸ごとフォワグラのロティ	foie gras entier rôti

フォワグラ

フォワグラのグリエ	grillade de foie gas
フォワグラのココット焼き	foie gras rôti en cocotte
フォワグラのゼリー寄せ	foie gras en gelée
フォワグラのトリュフ風味	foie gras à la truffe
フォワグラのフィンガー	fingers au foie gras
フォワグラの布巾包み	foie gras cuit au torchon
フォワグラのブリオシュ包み	foie gras en brioche
フォワグラのベニエ	beignets de foie gras
フォワグラのポルト酒マリネ	foie gras mariné au porto
フォワグラのムース	mousse de foie gras
フォワグラの蒸しもの	foie gras à la vapeur
フォワグラのラヴィオル	ravioles de foie gras
フォワグラのラヴィオル、トリュフ風味	ravioles de foie gras et truffe
フォワグラを三種の仕立てで	foie gras décliné de trois façons
フォワグラをぬったトーストの上に	...sur une rôtie au foie gras
フォワグラをぬった細切りトースト	mouillettes de foie gras

フォンデュ

フォンデュ	fondue
〜のフォンデュ仕立て、〜のフォンデュ	〜en fondue

ブルゴーニュ風フォンデュ	fondue bourguignon
フガッス	fougasse
ふかひれ	ailes de requin
ふかひれ入り	...aux ailes de requin
ふぐ	poisson-globe
ふぐのムニエル	poisson-globe à la meunière
ふじつぼ	balane
ゆでたふじつぼ	balanes à l'anglaise
豚*	porc

*豚を指す語に porc と cochon がある。cochon は動物としての豚、porc は豚肉の意味が強いので、メニューでは porc を使うことが多い。ただし乳飲み仔豚 cochon de lait は別。

農家産の豚	porc fermier
イベリコ豚	porc ibérique
バスク豚	porc basque
"メイシャン"豚	porc "Meishan-ton"
豚の厚切り背肉のブレゼ	côte épaisse de porc braisée
豚ロース、豚の(骨付き)背肉	côte de porc
豚ロースのグリエ	côte de porc grillée
豚ロースのシャルキュティエール風	côte de porc à la charcutière

ぶた

豚ロースのパン粉焼き	côte de porc panée
豚フィレ肉	filet de porc
豚フィレ肉のピカタ	piccata de filet de porc
豚フィレミニョン	filet mignon de porc
豚フィレミニョンのソテー	filet mignon de porc sauté
豚パレット（肩甲骨上の肉）と白いんげん豆の煮込み	palette de porc aux haricots blancs
豚肩ロース肉のロティ	échine de poic rôtie
豚肩肉	épaule de porc
豚肩肉の煮込み、5種のスパイスで	épaule de porc au cinq-épices
豚ばら肉、三枚肉	poitrine de porc
豚ばら肉のカラメリゼ	poitrine de porc caramélisée
豚ばら肉、スペアリブ	travers
スペアリブのオーブン焼き	travers de porc rôti au four
塩漬け豚ばら肉（→プティ・サレ p.194）	petit salé
豚内もも肉のロティ	pointe de porc rôtie
豚もも肉のブレゼ	jambon de porc braisé
豚すね肉と紫キャベツの煮込み	jarret de porc au chou rouge

ぶた

豚すね肉のブレゼ	jarret de porc braisé
豚ほほ肉	joue de porc
豚ほほ肉のブレゼ	joue de porc braisée
豚足	pied de porc
豚足のグリエ	pied de porc grillé
豚足のファルシ	pied de porc farci
豚足のゆでたもの	pied de porc bouilli
骨を抜き、パン粉をつけた豚足のロティ	pied de porc désossé, pané, rôti
豚頭肉のゼリー寄せ	fromage de tête
豚の耳	oreilles de porc
豚の耳のゆでたもの	oreilles de porc bouillies
豚レバーのパテ	pâté de foie de porc
豚肉のソテー	porc sauté
イベリコ豚のソテー	porc ibérique sauté
仔豚	porcelet
仔豚の丸焼き	rôti de porcelet
乳飲み仔豚	cochon de lait
乳飲み仔豚のてり焼き	cochon de lait laqué

ぶた

乳飲み仔豚のポワレ	cochon de lait poêlé
乳飲み仔豚のロティ	cochon de lait rôti
ふだんそう、ブレット	bette
	blette
ふだんそうのバターあえ	bette au beurre
復活祭のケーキ	gâteau de Pâques
復活祭のトゥルト	tourte pasqualine
ブッシェ*（ひとくちパイ）	bouchées

*ブッシュ bouche が「口」で、ブッシェ bouchée は「ひとくち」の意味。ひとくちパイやチョコレートボンボンを指す。

ブッシェ・ア・ラ・レーヌ	bouchées à la reine
プティ・サレ（塩漬け豚ばら肉）	petit salé
プティ・サレのレンズ豆添え	petit salé aux lentilles
プティット・マルミット	petite marmite
プティット・マルミット、パリ風	petite marmite à la parisienne
クリームのプティポ	petits pots de crème
オレンジ風味のプティポ	petits pots de crème à l'orange
紅茶風味のプティポ	petit pots de thé
コーヒー風味のプティポ	petits pots de crème au café

フレッシュフルーツを添えたプティポ	petits pots de crème aux fruits frais
プディング	pudding*

＊これは英語綴り。「プダン」と発音する人もいる。フランス語綴りは pouding で、語源はブーダン boudin。

クリスマス・プディング	Christmas pudding
ぶどう	raisin
黒ぶどう	raisins noirs
白ぶどう	raisins blancs
干しぶどう	raisins secs
コリントレーズン入り	...aux raisins de Corinthe
サルタナレーズン入り	...aux raisins de Smyrne
ぶどうの枝で	...aux sarments de vigne
〜のぶどうの葉包み	〜en feuilles de vigne
フヌイユ＊、フェンネル、ういきょう	fenouil

＊フヌイユは根茎 bulbe、茎 tiges、葉 feuilles、種 graines を食材として使う。メニュー上は、種は明記するが、他の部分は fenouil とだけ記すことが多い。

フヌイユ風味	...au fenouil
フヌイユの香り	parfum de fenouil
フヌイユのグラタン	fenouil au gratin

フヌイユ

フヌイユの焦がしタルト	tarte brûlée au fenouil
フヌイユのコンポート	comptée de fenouil
フヌイユの根茎のグラタン	bulbe de fenouil fondant
フヌイユのフォンデュ	fondue de fenouil
フヌイユのフリット	fenouil frit
フヌイユのブレゼ	fenouil braisé
フヌイユのムスリーヌ	mousseline de fenouil
フェンネルシード風味、入り	...aux graines de fenouil
ブフ・キャロット	bœuf aux carottes
ブフ・ブルギニョン（牛肉のブルゴーニュ風）	bœuf bourguignon
フライドチキン	poulet frit
フラジョレ豆	flageolets
フラジョレ豆入り	...aux flageolets
ブラックベリー、くわの実 (→ p.82)	mûres
プラム、すもも	prunes
プラム入り、プラム添え	...aux prunes
プラムのタルト	tarte aux prunes
さっとポワレしたプラム	prunes juste poêlées

フランボワーズ

プラム・ケーキ	plum-cake
プラリーヌ添え	...aux pralines
プラリネ風味	...au praliné
プラリネの香りで	...au parfum de praliné
フラン	flan
小さなふんわりフラン	petit flan moelleux
ブラン・マンジェ	blanc-manger
フランボワーズ、ラズベリー	framboises
フランボワーズ入り、添え	...aux framboises
フランボワーズのアイスクリーム	glace aux framboises
	glace framboises
フランボワーズのクーリ添え	...au coulis de framboises
フランボワーズのジュレ	gelée de framboises
フランボワーズのスフレ	soufflé aux framboises
フランボワーズのソース	sauce aux framboises
フランボワーズのソルベ	sorbet à la framboise
	sorbet framboise
フランボワーズのタルト	tarte aux framboises

ぶり

ぶり	sériole
	"Buri", poisson "buri"
ぶりのグリエ	sériole grillée
フリアンディーズ（小菓子）	friandises
温かいブリオシーヌ	briochine tiède
ブリオシュ	brioche
温かいブリオシュ	brioche tiède
〜のブリオシュ包み	〜en brioche
ブリオシュのボストーク	bostock en brioche
〜のフリカッセ	〜en fricassée
フリカンドー	fricandeau
ブリック、パータ・ブリック	brik
	pate à brik
〜のブリック包み	〜en feuille de brik
ブリニ	blinis
そば粉のブリニ	blinis à la farine de blé noir
新鮮なフルーツ	fruits du marché
季節のフルーツ	fruits de saison

フルーツ

フルーツサラダ	fruits rafraîchis
	salade de fruits
季節のフルーツ添え	...aux fruits de saison
冬のフルーツのポワレ	fruits d'hiver poêlés
冬のフルーツのロティ	fruits d'hiver rôtis
フルーツカクテル	cocktail de fruits
フルーツグラタン	gratin de fruits
マセドニア（フルーツサラダ）	macédoine de fruits
フルーツソース	sauce aux fruits
フルーツの赤ワイン煮	fruits au vin rouge
フルーツのカソレット	cassolette de fruits
フルーツのコンポート	compote de fruits
フルーツの砂糖漬け	fruits cristallisés
フルーツのシロップ漬け	fruits au sirop
フルーツのコンフィ（シロップ煮）	fruits confits
フルーツのタルト	tarte aux fruits
フルーツのタルト、メレンゲがけ	tarte aux fruits meringuée
フルーツのテリーヌ	terrine de fruits

フルーツ

フルーツのバヴァロワ	bavarois aux fruits
フルーツのメリメロ	méli-mélo de fruits
フルーツの盛り合わせ	fruits assortis
フルーツバスケット	corbeille de fruits
ブルーベリー	myrtilles
ブルーベリー入り、ブルーベリー添え	...aux myrtilles
ブルーベリーのタルト	tarte aux myrtilles
ブルゴーニュ風	...à la bourguignonne
フレーズ・デ・ボワ、えぞへびいちご	fraises des bois
フレーズ・デ・ボワ入り、添え	...aux fraise des bois
〜のブロシェット、〜の串	〜à la brochette
ブロッコリー	brocolis
ブロッコリーのクリーム煮	brocolis à la crème
ブロッコリーの花蕾の薄切り添え	...aux fins pétales de brocoli
ブロッコリーのラグー	ragoût de brocolis
ブロッシェ（かわかます）	brochet
ブロッシェのクネル	quenelles de brochet
ブロッシェのブール・ブランソース添え	brochet au beurre blanc

プロフィトロール	profiteroles
プロフィトロールのチョコレートソース添え	profiteroles au chocolat
フロマージュ・ド・テット（豚頭肉のゼリー寄せ）	fromage de tête
フロマージュ・ブラン風味	...au fromage blanc
フロマージュ・ブランのタルトレット	tartelette au fromage blanc
フロマージュ・ブランのムスリーヌ	mousseline de fromage blanc
泡立てたヴァニラ風味のフロマージュ・ブラン	fromage blanc battu à la vanille
ベーコン	lard
	bacon
	lard fumé
ベーコン風味	...au lard
農家の手作りベーコンのグリエ	lard fermier grillé
かりかり棒切りベーコン	lardons croustillants
かりかり薄切りベーコン	fines tranches de lard croustillantes

ベーコン

ベーコンエッグ	œufs frits au bacon (ウ フリ オ バコン)
ヘーゼルナッツ、ノワゼット	noisettes (ノワゼット)
ヘーゼルナッツ入り、添え	...aux noisettes (オ ノワゼット)
つぶしたヘーゼルナッツ添え	...aux noisettes écrasées (オ ノワゼット エクラゼ)
ヘーゼルナッツのかけら	noisettes en éclats (ノワゼット アン ネクラ)
ヘーゼルナッツのアイスクリーム	glace aux noisettes (グラス オ ノワゼット) / glace noisettes (グラス ノワゼット)
ヘーゼルナッツ油風味	...à l'huile de noisette (ア リュイル ドゥ ノワゼット)
ヘーゼルナッツのクランブル	crumble de noisettes (クランブル ドゥ ノワゼット)
〜のヘーゼルナッツ包み	〜en croûte de noisettes (アン クルート ドゥ ノワゼット)
ベカシーヌ、たしぎ	bécassine (ベカシーヌ)
ベカシーヌのロティ	bécassine rôtie (ベカシーヌ ロティ)
ベカス、しぎ、山しぎ	bécasse (ベカス)
ベカスの胸肉	suprême de bécasse (シュプレーム ドゥ ベカス)
ベカスのロティ	bécasse rôtie (ベカス ロティ)
ベカスのトリュフ風味ロティ	bécasse truffée rôtie (ベカス トリュフェ ロティ)
ベカスのカスロール焼き	bécasse en casserole (ベカス アン カスロール)
ベカスのグリエ	bécasse grillée (ベカス グリエ)

ベカスのサルミ	salmis de bécasse
ベカスのフランベ	bécasse flambée
ペ・ド・ノンヌ	pets-de-nonne
ベニェ	beignets
〜のベニェ	〜en beignets
バナナのベニェ	beignets de bananes
りんごのベニェ	beignets de pommes
ペパーミント	menthe poivrée
ペパーミント風味	...à la menthe poivrée
べら（魚）	vieille
ペリゴール風	...à la périgourdine
ペルドリ、岩しゃこ	perdrix
ペルドリのシャルトルーズ	chartreuse de perdrix
ペルドロ、仔しゃこ	perdreau
ペルドロのロティ	perdreau rôti
ペルドロのキャベツ添え	perdreau au chou
ペルドロのシャルトルーズ	chartreuse de perdreau
ペルドロのぶどう栽培者風	perdreau à la vigneronne

ペルドロ

狩りでしとめたペルドロの串焼き	perdreau de chasse cuit à la broche
ペンネ、黒トリュフ風味	penne à la truffe noire
ほうぼう	grondin
	rouget grondin
ほうぼうのオーブン焼き	grondin au four
ほうれんそう	épinards
ほうれんそう添え	...aux épinards
ほうれんそうの若葉	jeunes pousses d'épinard
やわらかいほうれんそう添え	...aux épinards tendres
さっとゆでたほうれんそうの葉	feuilles d'épinard cuites minute
ほうれんそうとハムのフイユテ	feuilleté d'épinards au jambon
ほうれんそうのグラタン	épinards au gratin
ほうれんそうのクリームあえ	épinards à la crème
ほうれんそうのクリームポタージュ	crème d'épinards
ほうれんそうのサラダ	salade d'épinards
ほうれんそうのスフレ	soufflé d'épinards
ほうれんそうのニョッキ	gnocci d'épinards

ポタージュ

ほうれんそうのバターあえ	épinards au beurre
ほうれんそうのピュレ	épinards en purée
	purée d'épinards
ほおずき	alkékenge
	physalis
ほおずき添え	...aux alkékenges
ホースラディッシュ (→レフォール p.239)	raifort
干し草風味	...au foin
クロー産の干し草	foin de Crau
干しプラム	pruneau
干しプラムとアルマニャックのアイスクリーム	glace aux pruneaux et à l'armagnac
干しプラムのコンポート	compote de pruneaux
干しプラムのワイン煮	pruneaux au vin
干しプラムのベーコン巻き	pruneaux au bacon
ポシューズ	pochouse
ポタージュ	potage
本日のポタージュ	potage du jour

ポタージュ

冷たいポタージュ	potage froid (ポタージュ フロワ)
ポタージュ・キュルティヴァトゥール	potage cultivateur (ポタージュ キュルティヴァトゥール)
ほたて貝*	coquilles Saint-Jacques (コキーユ サン ジャック) Saint-Jacques (サン ジャック)

* coquille Saint-Jacques では長いので、Saint-Jacques あるいは St.-Jacques と短縮することもある。貝柱 noix を強調したいときは noix de coquille Saint-Jacques と書く。

生のほたて貝	coquilles Saint-Jacques crues (コキーユ サン ジャック クリュ)
ほたての貝柱	noix de coquille Saint-Jacques (ノワ ドゥ コキーユ サン ジャック)
さっと温めたほたて貝	coquille Saint-Jacques juste tièdie (コキーユ サン ジャック ジュスト ティエディ)
ほたて貝 (柱) のカルパッチョ	carpaccio de (noix de) coquilles Saint-Jacques (カルパッチョ ドゥ ノワ ドゥ コキーユ サン ジャック)
ほたて貝 (柱) のさっとポワレ	(noix de) coquille Saint-Jacques juste poêlées (ノワ ドゥ コキーユ サン ジャック ジュスト ポワレ)
ほたて貝 (柱) のテリーヌ	terrine de (noix de) coquilles Saint-Jacques (テリーヌ ドゥ ノワ ドゥ コキーユ サン ジャック)
ほたて貝 (柱) の半生	(noix de) coquilles Saint-Jacques mi-cuites (ノワ ドゥ コキーユ サン ジャック ミ キュイット)

ポテ

ほたて貝 (柱) のロティ	(noix de) coquille Saint-jacques rôties
ほたて貝 (柱) のカソレット	cassolettes de (noix de) coquille Saint-Jacques
ほたて貝のグラタン	coquilles Saint-Jacques au gratin
ほたて貝のグリエ	coquilles Saint-Jacques grillées
ほたて貝 (柱) のサラダ	salade de (noix de) coquilles Saint-Jacques
ほたて貝 (柱) のナージュ	(noix de) coquilles Saint-Jacques à la nage
ほたて貝のフイユテ	feuilleté de coquille Saint-Jacques
ほたて貝 (柱) のポワレ	(noix de) coquilles Saint-Jacques poêlées
ほたて貝 (柱) のマリネ	(noix de) coquilles Saint-Jacques marinées
ほっき貝	"Hokkigai", coque "hokkigai"
ホットドッグ	hot dog
ポテ	potée

ポテ

ポテ、ロレーヌ風	potée lorraine
ポトフ	pot-au-feu
ポトフのように	...comme un pot-au-feu
ほや	"Hoya"
	violet
生のほや	violet cru
ぼら	muge
ぼらのグリエ	muge grillé
ボリジ、るりじしゃ	bourrache
ボリジの花添え	...aux fleurs de bourraches
	...aux jeunes pousses de bourrache
ボルシチ	borchtch
ポルト風味	...au porto
ポルトのジュレ添え	...en gelée de porto
ポルトフイユ仕立て（さいふ仕立て）	~en portefeuille
ポレンタ	polenta
ポレンタ添え	...à la polenta

ポロねぎ

クリーミーなポレンタ	polenta crémeuse
ポレンタのフリット	frites de polenta
==ポロねぎ==、ポワロー、リーキ	poireaux
ポロねぎの白い部分添え、入り	...aux blancs de poireaux
ポロねぎの青味添え、入り	...au vert de poireaux
ポロねぎとじゃがいものスープ	soupe de poireaux et pommes de terre
ポロねぎの温かいフォンダン	poireaux tièdes fondants
ポロねぎのエマンセ	émincé de poireaux
ポロねぎのグラタン	poireaux au gratin
ポロねぎのクリームポタージュ	crème de poireaux
ポロねぎのジュリエンヌの素揚げ	effilochée de poireaux croustillante
ポロねぎのテリーヌ	terrine de poireaux
ポロねぎのピュレ	purée de poireaux
ポロねぎのフォンデュ添え	...à la fondue de poireau
ポロねぎのフリット	poireau frit
ポロねぎのブレゼ	poireaux braisés

ポロねぎ

ポロねぎのプレッセ	pressé de poireaux	プレッセ ドゥ ポワロー
ポロねぎのマーマレード	marmelade de poireaux	マルムラード ドゥ ポワロー
ほろほろ鳥、パンタード	pintade	パンタード
ほとほろ若鳥	pintadeau	パンタドー
ほろほろ鳥の胸肉	suprême de pintade	シュプレーム ドゥ パンタード
	blanc de pintade	ブラン ドゥ パンタード
ほろほろ若鳥のグリエ	pintadeau grillé	パンタドー グリエ
ほろほろ若鳥のファルシ	pintadeau farci	パンタドー ファルシ
ほろほろ若鳥のロティ	pintadeau rôti	パンタドー ロティ
ほろほろ鳥の密閉ココット焼き	cocotte lutée de pintade	ココット リュテ ドゥ パンタード
ぽんかん	tangérine	タンジェリーヌ
ぽんかん添え	...aux tangérines	オ タンジェリーヌ
ぽん酢風味	...au ponzu	オ ポンズ
ぽん酢のジュレ添え	...à la gelée de ponzu	ア ラ ジュレ ドゥ ポンズ
ボンブ・グラッセ	bombe glacée	ボンブ グラッセ
ピスタチオ風味のボンブ・グラッセ	bombe glacée à la pistache	ボンブ グラッセ ア ラ ピスターシュ

マカロン

マーシュの葉	feuilles de mâche
マーシュのサラダ	salade de mâche
〜のマーブル仕立て	marbré de 〜
マーブル・ケーキ	gâteau marbré
〜のマーマレード*	〜en marmelade

＊「マルメロ marmelo のジャム」を意味するポルトガル語が語源で、果物を形がなくなるまで煮たもの。一般的には柑橘類に対して言うが、料理ではより広い範囲で使われている。

フルーツのマーマレード、カレー風味	marmelade de fruits au curry
マール(酒)風味	...au marc
マカダミアナッツ入り、添え	...aux noix de macadamia
マカロニグラタン	gratin de macaroni
	macaroni au gratin
さっとグラティネしたマカロニ	macaroni juste gratiné
太いマカロニの詰め物	gros macaroni fourrés
マカロン	macaron
トマトのマカロン	macaron à la tomate
ミルクチョコレートのマカロン	macaron au chocolat au lait
フォワグラのマカロン	macaron au foie gras
トリュフのマカロン	macaron aux truffes

まき

薪の火で	...au feu de bois
薪で焼いたピッツァ	pizza au feu de bois
まぐろ	thon
黒まぐろ	thon rouge
びんなが	germon
	longue oreille
きはだ	albacore
めばち	thon obèse
まぐろのとろ	ventrèche de thon
黒まぐろのタルタル	tartare de thon rouge
黒まぐろのマリネ、わさび風味	thon rouge mariné au wasabi
生まぐろのオリーヴ油マリネ	thon frais mariné à l'huile d'olive
まぐろのエスカロップ	escalope de thon
まぐろのオイル漬け	thon à l'huile
まぐろのカルパッチオ	carpaccio de thon
まぐろのグリエ	thon grillé
まぐろのセヴィーチェ	ceviche de thon
まぐろのブレゼ	thon braisé

まぐろのプロヴァンス風	thon à la provençale
まこがれい (の類)	limande
まこがれいのブレゼ	limande braisée
マジパン	massepain
マシュマロ、ギモーヴ	guimauve
花の香りのマシュマロ	guimauve aux parfums de fleurs
フルーツの香りのマシュマロ	guimauve aux parfums de fruits
マジョラム	marjolaine
マジョラム風味	...à la marjolaine
マジョラムの香気蒸し	...à la vapeur de marjolaine
ます	truite
川ます	omble de fontaine
海ます	truite de mer
サーモントラウト	truite saumonée
	truite de lac
ブラウントラウト	truite de rivière
さくらます	saumon masou
	saumon "sakura-masu"

ます

さくらますのフュメ	saumon masou fumé
ますのアーモンド添え	truite aux amandes
ますのフリット	truite frite
ますのグリエ	truite grillée
ますのバターソテー	truite au beurre
ますのファルシ	truite farcie
ますのフィレ	filets de truite
ますのムニエル	truite à la meunière
マスカット	muscats
マスカットぶどう添え	...aux raisins muscats
マスカットのジュレ添え	...à la gelée de muscat
マスカルポーネ風味	...au mascarpone
マスカルポーネのクリーム	crème mascarpone
マスカルポーネのソルベ	sorbet au mascarpone
マスタード	moutarde
モー産粒マスタード	moutarde de Meaux à l'ancienne
粒マスタード添え	...à la moutarde en grains
マスタードシード添え、風味	...à la graine de moutarde

マッシュルーム

辛いマスタード添え、風味	...à la moutarde forte
グリーンマスタード添え、風味	...à la moutarde verte
紫マスタード（ぶどう汁入りマスタード）添え	...à la moutarde violette
マスタードソース	sauce moutarde
粒マスタードのクリーム	crème de moutarde en grains
マスタード粒でリエしたジュ	jus lié à la graine de moutarde
マスタードバター	beurre de moutarde
マスタード菜（レッドジャイアント種）	moutarde red giant
マッシュルーム	champignons de Paris*
	champignons

* champignon はきのこの総称。champignon de Paris としてはじめて栽培マッシュルーム（ツクリタケ）の意味になるが、champignon と略称されることが多い。

マッシュルームのヴィシソワーズ	vichyssoise de champignons
マッシュルームのギリシャ風マリネ	champignons marinés à la grecque
マッシュルームのクリーム煮	champignons de Paris à la crème
マッシュルームのクリームポタージュ	crème de champignons
マッシュルームのグリエ	champignons grillés
マッシュルームのソース	sauce aux champignons

マッシュルーム

マッシュルームのソテー	champigons sautés
マッシュルームのデュクセル	duxelles de champignons
マッシュルームのピュレ	purée de champignons
マッシュルームのピュレの上に	sur une purée de champignons
マッシュルームのファルシ	champignons farcis
マッシュルームのフォンデュ	fondue de champignons de Paris
マッシュルームのマリネ、ギリシャ風	champignons à la grecque
	champignons marinés à la grecque
抹茶	thé vert Matcha
抹茶の香りで	…au parfum de thé vert matcha
松の実	pignons
松の実入り、松の実添え	…aux pignons de pin
松の実のタルト	…tarte aux pignons
マフィン	muffins
まて貝	couteaux
まて貝のマリニエール風	couteaux à la marinière
マデラ風味	…au madère

まめ

まとう鯛、サンピエール	saint-pierre
まとう鯛のフィレ	filet de saint-pierre
	blanc de saint-pierre
まとう鯛のフィレのムニエル	filet de saint-pierre au beurre
まどう鯛のグリエ	saint-pierre grillé
まとう鯛のポワレ	saint-pierre poêlé
まとう鯛の丸ごと焼き	saint-pierre cuit entier
まとう鯛の丸ごとロティ	saint-pierre rôti entier
まとう鯛の刺身	satint-pierrre cru
マドレーヌ	madeleines
まながつお	stromatée
	aileron argenté
まながつおのバター焼き	stromatée poêlé au beurre
豆	haricots
〜豆	haricots 〜
赤えんどう豆	haricots "aka-endo-mame"
うずら豆入り	...aux haricots tachetés
ライマビーンズ入り	...aux haricots de Lima

マラスキーノ

マラスキーノ風味	...au marasquin
マルサラ風味	...au marsala
マルメロ	coing
マルメロ添え、入り	...aux coings
マルメロのコンポート	compote de coings
マルメロのチャツネ	chutney de coings
マルメロのマーマレード	marmelade de coings
マンゴー	mangue
青マンゴー	mangue verte
マンゴー入り、マンゴー風味	...à la mangue
青マンゴー入り、青マンゴー風味	...à la mangue verte
マンゴーのカラメリゼ	mangue caramélisée
マンゴーのクーリ	coulis de mangues
マンゴーのソルベ	sorbet à la mangue
	sorbet mangue
マンゴーのタルタル	tartare de mangue
マンゴーのチャツネ	chutney de mangues
マンゴスチン	mangoustan

マンディヤン添え	...aux mendiants
ミートローフ	pain de bœuf
みかん	mandarine
みかんの表皮風味	...aux zestes de mandarine
みかんのジヴレ	mandarines givrées
タンゴールみかん	tangor
味噌	pâte de soja fermentée
	miso
味噌風味	...au miso
～の密閉ココット蒸し（焼き）	～en cocotte lutée
ミネストローネ	minestrone
～のミネストローネ仕立て	～en minestrone
みぶな	mibuna
ミューズリー添え	... avec muesli
ミラベル	mirabelles
ミルクのコンフィテュール添え、入り	...à la confiture de lait

ミルフイユ

ミルフイユ	mille-feuille*
	millefeuille

* mille（千）と feuille（薄片）の語間に、ハイフンを入れる表記と入れない表記が同程度に見られる。読み方は「ミルフイユ」。ミルフィーユとすると 千の娘 fille の意味になってしまう。

いちごのミルフイユ	mille-feuille aux fraises
軽いクリームのミルフイユ	mille-feuille à la crème légère
クリームのミルフイユ	mille-feuille à la crème
チョコレートのミルフイユ	mille-feuille au chocolat
ヴァニラのミルフイユ	mille-feuille à la vanille
ミルフイユのカラメリゼ	mille-feuille caramélisé
温かいミルフイユのカラメリゼ	mille-feuille tiède caramélisé
ミロトン	bœuf miroton
ライム風味のミロワール	miroir au citron vert
ミント	menthe
ミント添え、ミント風味	…à la menthe
フレッシュミント添え、風味	…à la menthe fraîche
ミント風味のソース	sauce à la menthe
	sauce menthe
スペアミント	menthe verte

むしもの

ペパーミント	menthe poivrée
ムース・グラッセ	mousse glacée
赤いベリーのムース・グラッセ	mousse glacée aux fruits rouges
オレンジのムース・グラッセ	mousse glacée à l'orange
ピスタチオのムース・グラッセ	mousse glacée à la pistache
ムスリーヌ・グラッセ	mousseline glacée
ムール貝	moules
ムール貝入り、添え	...aux moules
サフランの香りがほんのり漂うムール貝	moules légèrement safranées
ムール貝のグラタン	moules au gratin
ムール貝のサラダ、サフラン風味	salade de moules au safran
ムール貝のジュ、クリーム風味	jus de moules crémé
ムール貝のスープ	soupe aux moules
ムール貝のマリニエール	moules à la marinière
昔風	...à l'ancienne
	...d'autrefois
ムサカ	moussaka
〜の蒸しもの	〜à la vapeur

ムスロンだけ

ムスロン茸（シメジ科きのこの総称）	mousserons
ムスロン茸添え、入り	...aux mousserons
メース	macis
メース風味	...au macis
メープルシロップ	sirop d'érable
メープルシロップ添え	...au sirop d'érable
めかじき	espadon
めかじきのポワレ	tranche d'espadon poêlée
芽キャベツ	choux de Bruxelles
芽キャベツ添え、芽キャベツ入り	...aux choux de Bruxelles
芽キャベツのクリーム煮	choux de Bruxelles à la crème
芽キャベツのことこと煮	choux de Bruxelles mijotés
芽キャベツのバターソテー	choux de Bruxelles sautés au beurre
メスクラン	mesclun
メスクランのシフォナード添え	...à la chiffonnade de mesclun
めばる	sébaste
めばるのソテー	sébaste sauté

メロン

メルバトースト	toast Melba
メルルーサ	colin
	merlu
メルルーサの厚筒切りのブレゼ	darnes de colin braisées
メレンゲ	meringue
メレンゲのアイスクリーム詰め	meringue glacée
〜をメレンゲのケージに入れて	〜en cage de meringue
メレンゲの卵殻　そっと壊して	coque de meringue à casser délicatement
メロン	melon
メロンの小ボール添え	...aux billes de melon
冷やしメロン	melon frappé
メロンのアイスクリーム	glace au melon
メロンのアイスクリーム詰め	melon glacé
メロンのグラニテ	granité au melon
メロンのソルベ	sorbet au melon
メロンの冷たいスープ	soupe glacée de melon
メロンのポルトかけ	melon au porto

モスタルデッラ

モスタルデッラソーセージ入り	...à la mostardelle
モスタルダ	condiment mostarda
桃	pêche
白桃	pêche blanche
赤い果肉の桃	pêche de vigne
桃入り、桃風味、桃添え	...à la pêche
桃の軽いスフレ	soufflé léger à la pêche
桃のコンポート	compote de pêches
桃のシンフォニー	symphonie aux pêches
桃のスープ	soupe de pêches
桃のソルベ	sorbet à la pêche
桃のタタン	tatin aux pêches
桃のポワレ	pêche poêlée
桃のロティ	pêche rôtie
桃入りソース	sauce aux pêches
ピーチメルバ	pêche Melba
もやし	graines germées
	pousses

大豆もやし	germes de soja
マスタードのもやし	pousses de moutarde
もやしのサラダ	petites pousses en salade
モリーユ茸、あみがさ茸	morilles
フレッシュのモリーユ茸	morilles fraîches
モリーユ茸のエテュヴェ	morilles étuvées
	étuvée de morilles
モリーユ茸のクリーム煮	morilles à la crème
モリーユ茸のソテー添え	...aux morilles sautées
もり鳩 (→パロンブ p.177)	pigeon ramier
	palombe
もり鳩のロティ	pigeon ramier rôti
モルト風味	...au malt
炒ったモルト風味	...au malt torréfié
もろこ、グージョン	goujons
もろこのフリット	goujons frits
モロヘイヤ入り	...aux molokhejas
モンブラン	mont-blanc

やぎ

仔やぎ	chevreau (シュヴロー)
仔やぎのロティ	chevreau rôti (シュヴロー ロティ)
野菜	légumes (レギューム)
はしりの野菜	primeurs (プリムール)
季節の野菜	légumes de saison (レギューム ドゥ セゾン)
季節のミニ野菜	petits légumes de saison (プティ レギューム ドゥ セゾン)
旬の野菜	légumes du moment (レギューム デュ モマン)
旬の葉野菜	feuilles du moment (フイユ デュ モマン)
旬の根菜	légumes racines du moment (レギューム ラシーヌ デュ モマン)
若い野菜	jeunes légumes (ジュヌ レギューム)
市場の野菜、新鮮な野菜	légumes du marché (レギューム デュ マルシェ)
菜園の野菜	légumes de la jardinière (レギューム ドゥ ラ ジャルディニエール)
地元生産者の野菜	légumes de nos producteurs (レギューム ドゥ ノ プロデュクトゥール)
歯ごたえのある野菜添え	...aux légumes croquants (オ レギューム クロカン)
ミニ野菜添え	...aux petits légumes (オ プティ レギューム)
春野菜	légumes de printemps (レギューム ドゥ プランタン)
春野菜添え	...aux légumes de printemps (オ レギューム ドゥ プランタン)
春野菜のグラッセ	légumes printaniers glacés (レギューム プランタニエ グラッセ)

やさい

春野菜のココット	cocotte de légumes de printemps
春野菜のスープ	soupe printanière
夏野菜のココット	cocotte de légumes d'été
夏野菜の冷たいグレック	grecque glacée de légumes d'été
夏野菜のピストゥー	pistou de légumes d'été
夏野菜のラグー	ragoût de légumes d'été
秋野菜のココット	cocotte de légumes d'automne
秋野菜の蒸し煮	légumes d'automne étuvés à la vapeur
冬野菜のココット	cocotte de légumes d'hiver
冬野菜のことこと煮	légumes d'hivers mijotés
野菜スープ	potage à la paysanne
野菜のカネロニ見立て	cannelloni de légumes
野菜のガルグイユ	gargouillou de légumes
野菜のグラタンを敷いて	...sur un gratin de légumes
野菜のクリームピュレ添え	...à la crème de petits légumes
野菜のクリームポタージュ	crème de légumes
野菜のココット焼き（蒸し）	cocotte de légumes

やさい

野菜の密閉ココット蒸し	légumes étuvés en cocotte lutée
野菜のコンフィチュール	confiture de légumes
野菜のコンポート添え	... avec la compote de légumes
野菜のジャルディニエール	jardinière de légumes
野菜のシャルロット	charlotte de légumes
野菜のジュ	jus de légumes
野菜のジュリエンヌ添え、入り	...à la julienne de légumes
野菜のスープ	soupe de légumes
野菜のテリーヌ	terrine de légumes
野菜のフリカッセ	fricassée de légumes
野菜のブリュノワーズ	brunoise de légumes
野菜のプレッセ	pressé de légumes
野菜のポタージュ	potage aux légumes
野菜のポトフ	pot-au-feu de légumes
	légumes en pot-au-feu
野菜のマセドワーヌ	macédoine de légumes
野菜のマリネ添え	...aux légumes marinés
野菜のミルフイユ	mille-feuille de légumes

野菜のラグー	ragoût de légumes
季節野菜のウォック（中華鍋）炒め	wok de légumes de saison
菜園野菜のことこと煮	légumes des jardins mijotés
懐かしい野菜のヴルーテ	velouté de légumes oubliés
ミニ野菜のエテュヴェ	étuvée de petits légumes
若い野菜のグレック	grecque de jeunes légumes
やまいも	igname
やまいも入り	…à l'igname
じねんじょ入り	…à l'igname de Japon
山ほうれんそう	arroche des jardins
やまめ	saumon "yamame"
ゆず	yuzu
ゆず風味	…au yuzu
ゆずの表皮風味	…aux zestes de yuzu
ゆずの皮入り、ゆずの皮風味	…aux écorces de yuzu
ゆずのジュレ	gelée de yuzu
ゆり根	bulbe de lis
ゆり根のピュレ	purée de bulbes de lis

ようなし

日本語	フランス語 (読み)
洋梨	poire (ポワール)
洋梨のオーブン焼き	poire rôtie au four (ポワール ロティ オ フール)
洋梨のグラタン	gratin de poires (グラタン ドゥ ポワール)
洋梨のコンポート	compote de poires (コンポート ドゥ ポワール)
	compotée de poires (コンポテ ドゥ ポワール)
洋梨のシャルロット	charlotte aux poires (シャルロット オ ポワール)
洋梨のソルベ	sorbet à la poire (ソルベ ア ラ ポワール)
	sorbet poire (ソルベ ポワール)
洋梨のタルト	tarte aux poires (タルト オ ポワール)
洋梨のピュレ	purée de poires (ピュレ ドゥ ポワール)
洋梨のベル・エレーヌ風	poire Belle-Hélène (ポワール ベレレーヌ)
洋梨のロティ	poire rôtie (ポワール ロティ)
洋梨のワイン煮	poires au vin (ポワール オ ヴァン)
羊乳チーズのかけらを散らして	...aux copeaux de fromage de brebis (オ コポー ドゥ フロマージュ ドゥ ブルビ)
ヨーグルト	yaourt (ヤウール)
ヨーグルト風味	...au yaourt (オ ヤウール)
よもぎ	armoise (アルモワーズ)

ライむぎパン

よもぎ風味	...à l'armoise
ライスペーパー	feuilles de riz
	crêpes thaïs
〜のライスペーパー包み	〜en crêpes thaïs
ライチ風味、ライチ添え	...aux litchis
雷鳥、えぞ雷鳥	grouse
	lagopède
雷鳥のねずの実風味	grouse au genièvre
スコットランド産雷鳥のロティ	grouse d'Écosse rôtie
ライム	citron vert
	lime
ライムの表皮（ライムピール）風味	...aux zestes de citron vert
ライムのジュレ	gelée de citron vert
ライムのスフレ	soufflé au citron vert
ライム風味のバターソース	beurre au citron vert
ライムのソルベ	sorbet au citron vert
	sorbet citron vert
ライ麦パンのタルティーヌ	tartine de seigle

ラヴィオリ

ラヴィオリ*	ravioli（ラヴィヨリ）

＊複数形の表記は ravioli、raviolis のどちらでもよい。

山羊乳チーズのラヴィオリ	ravioli de fromage de chèvre（ラヴィヨリ ドゥ フロマージュ ドゥ シェーヴル）
ラヴィオリ入りのスープ	soupe aux ravioli（スープ オ ラヴィヨリ）
ハーブのラヴィオリ	ravioli aux herbes（ラヴィヨリ オ ゼルブ）
羊乳のリコッタのラヴィオリ	ravioli à la ricotta de brebis（ラヴィヨリ ア ラ リコッタ ドゥ ブルビ）
フォワグラのラヴィオリ	ravioli de foie gras（ラヴィヨリ ドゥ フォワ グラ）
ラヴィオル＊	ravioles（ラヴィヨル）

＊イタリア由来の語。ニースやコルシカなどで作られる、パスタ生地にチーズやハーブを詰めた料理。サヴォワ地方では肉団子のこと。最近はラヴィオリと同義に使われることが多い。

小さいラヴィオル	petits ravioles（プティ ラヴィヨル）
チーズのラヴィオル入り	...aux ravioles de fromage（オ ラヴィヨル ドゥ フロマージュ）
〜の**ラグー**	〜en ragoût（アン ラグー）
軽いラグー	ragoût fin（ラグー ファン）
ラザーニャ	lasagne（ラザーニュ）
ほうれん草とマッシュルームのクリームあえラザーニャ	lasagne épinards champignons à la crème（ラザーニュ エピナール シャンピニョン ア ラ クレーム）
ラスク	biscotte（ビスコット）
ラタトゥイユ	ratatouille（ラタトゥイユ）

ニース風ラタトゥイユ	ratatouille niçoise
ラディッシュ	radis roses
ラディッシュの小片	copeaux de radis
ラム	rhum
ラム風味	…au rhum
農家産手作りラム	rhum agricole
ラング・ド・シャ	langues-de-chat
ラングスティーヌ、あかざえび	langoustines
ラングスティーヌ添え、入り	…aux langoustines
大きいラングスティーヌのロティ	grosses langoustines rôties
殻ごと調理したラングスティーヌ	langoustines cuites en coque
クールブイヨンでさっと煮たラングスティーヌ	langoustines cuites à la minute au court bouillon
さっと焼いたラングスティーヌ	langoustines juste saisies
ラングスティーヌのカソレット	cassolette de langoustines
ラングスティーヌのカルパッチョ	carpaccio de langoustines
ラングスティーヌのクリームポタージュ	crème de langoustines
ラングスティーヌのグリエ	langoustines grillées

ラングスティーヌ

ラングスティーヌの天ぷら	tempura de langoustines
ラングスティーヌのフリカッセ	fricassée de langoustines
ラングスティーヌのフリット	langoustines frites
ラングスティーヌのブロシェット	brochette de langoustines
ラングスティーヌのポワレ	langoustines poêlées
	poêlée de langoustines
ラングスティーヌのラヴィオリ	ravioli de langoustines
リヴェーシュ（まるばとうき）	livèche
リヴェーシュ風味	à la livèche
リエット	rillettes
リ・オ・レ（ライスプディング）	riz au lait
おばあちゃんのリ・オ・レ	riz au lait de ma grand-mère
〜のリキュール風味	...à la liqueur
梅のリキュール（梅酒）風味	...à la liqueur de prune
リコッタ入り、添え	...à la ricotta
リゾット	risotto
クリーミーなリゾット	risotto crémeux
海の幸入りリゾット	risotto aux fruits de mer

リ・ド・ヴォー

サフラン風味のリゾット	risotto au safran
トリュフのリゾット	risotto aux truffes
白トリュフのリゾット	risotto aux truffes blanches
リゾット風に	...façon risotto
〜のリソレ	〜en rissolée
リ・ダニョー、仔羊の胸腺肉	ris d'agneau
リ・ダニョーのブロシェット	brochettes de ris d'agneau
リ・ド・ヴォー、仔牛の胸腺肉	ris de veau
リ・ド・ヴォーの丸い部分*	noix de ris de veau
	pomme de ris de veau

＊リ・ド・ヴォーは丸いふっくらした noix（ノワ）と、細長い gorge（ゴルジュ）のふたつの部分からなる。noix がとりわけ美味ということでメニューに特記することが多い。

リ・ド・ヴォーのブレゼ	ris de veau braisé
	noix de ris de veau braisée
ふっくらリ・ド・ヴォー	ris de veau moelleux
リ・ド・ヴォーの黄金焼き	ris de veau doré
リ・ド・ヴォーのかりかりエスカロップ	escalope de ris de veau croustillante
リ・ド・ヴォーのグリエ	grillade de ris de veau

リ・ド・ヴォー

リ・ド・ヴォーのフライパンロティ	ris de veau rôti au poêlon
リ・ド・ヴォーのロティ	ris de veau rôti
リ・ド・ヴォーの丸ごとブレゼ	ris de veau entier braisé
リ・ド・ヴォーのムニエル	ris de veau (à la) meunière
リ・ド・ヴォーとオマールのマーブル仕立て	marbré de ris de veau et homard
リ・ド・ヴォーと腎臓のフリカッセ	fricassée de ris et rognon de veau
リ・ド・ヴォーのヴォロヴァン	vol-au-vent de ris de veau
リ・ド・ヴォーのカスロール	ris de veau cuit en casserole
リ・ド・ヴォーのガトー	gâteau de ris de veau
リ・ド・ヴォーのフィナンシエ風	ris de veau financière
リ・ド・ヴォーのタルトタタン風	tarte tatin de ris de veau
リ・ド・ヴォーのテリーヌ	terrine de ris de veau
リネンシード、麻の実	graines de lin
リネンシード入り	...aux graines de lin
りゅうがん	longane
緑豆	haricots mungo

りんご

りんご	pomme
	pommes fruits
青りんご	pomme verte
焼きりんご	pomme au four
	pomme à la bonne femme
りんごのくし切り添え	...aux quartiers de pomme
りんごのグラタン	gratin de pommes
りんごのクラフティ	clafoutis aux pommes
りんごのコンポート	compote de pommes
りんごのシャルロット	charlotte aux pommes
りんごのソテーのミルフイユ	mille-feuille de pomme sautée
りんごのタタン	tatin de pommes
りんごのタルト	tarte aux pommes
りんごの薄いタルト	tarte fine aux pommes
りんごの薄いタルト、あつあつで	tarte fine aux pommes chaudes
りんごのソース	sauce à la pomme
りんごのピュレ添え	...à la purée de pommes
りんごのブランマンジェ	blanc-manger de pommes

りんご

りんごのベニェ	beignets de pommes
りんごのミルフイユ、伝統スタイルで	traditionnel mille-feuille aux pommes
青りんごとターメリックのコンディマン (薬味)	condiment pomme verte-curcuma
青りんごの果汁風味、添え	...au jus de pomme verte
酸味のある青りんごのサラダ	salade de pomme verte acidulée
あつあつりんごの軽いタルト	tarte aux pommes légère et chaude
りんごの蒸留酒風味	...à l'eau de vie de pomme
姫りんご	pomme cerise
ルーアン風	...à la rouennaise
ルーコラ	roquette
ルーコラの小サラダ	salade de roquette
ルージェ (→ひめじ p.183)	rouget
ルタバガ	rutabaga
	chou navet

ルタバガ添え	...au rutabaga
	...au chou navet
ルバーブ	rhubarbe
ルバーブ風味	...à la rhubarbe
ルバーブのアイスクリーム	glace à la rhubarbe
ルバーブのコンフィチュール	confiture de rhubarbe
ルバーブのコンポート	compote de rhubarbe
ルバーブのタルト	tarte à la rhubarbe
レタス*	iceberg

＊フランスで laitue と呼ぶものは、日本のレタスとは別のもので、サラダ菜に近い。

〜のレタス包み	〜en feuilles d'iceberg
レデュクション	réduction
バルサミコヴィネガーのレデュクション	réduction de vinaigre balsamique
ポルトのレデュクション	réduction de porto
スパイス風味の赤ワインのレデュクション	réduction de vin rouge aux épices
レフォール、ホースラディッシュ	raifort

レフォール

すりおろしたレフォール添え	...au raifort râpé
	...à la râpée de raifort
レフォール風味のソース	sauce au raifort
レモン	citron
レモン風味	au citron
塩漬けレモン	citron saumuré
レモンの表皮（レモンピール）	zestes de citron
レモンの表皮風味	...aux zestes de citron
レモン汁添え	...au jus de citron
レモン・メレンゲ・パイ	tarte meringuée au citron
レモンクリーム	crème citron
レモンソース	sauce au citron
レモンのアイスクリーム	glace au citron
	glace citron
レモンの泡	écume de citron
レモンのコンフィ添え	...aux citrons confits
レモンのソルベ	sorbet au citron
	sorbet citron

レンズまめ

レモンのタルト	tarte au citron
レモンのタルトレット	tartelette au citron
レモンのほろ苦タルト	tarte au citron douce-amère
レモンのマーマレード	marmelade de citron
レモンのムース	mousse de citron
	mousse au citron
レモン風味のクールブイヨンで	...au court-bouillon citronné
レモングラス	citronnelle
レモングラスとカラマンチーのコンディマン (薬味)	condiment citronnelle-kalamenzi
レモンタイム風味	...au thym citron
レモンバーベナ風味	...à la verveine odorante
レモンバーム風味	...à la mélisse
れんこん	racine de lotus
	rhizome de lotus "renkon"
れんこん入り	...à la racine de lotus
レンズ豆	lentilles
レンズ豆添え	...aux lentilles

レンズまめ

レンズ豆のピュレ	purée de lentilles
ピュイ産緑レンズ豆	lentilles vertes du Puy
緑レンズ豆のコンフィ	lentilles vertes confites
レンズ豆のクレーム	crème de lentilles
ローストビーフ	rôti de bœuf
	rosbif
冷製ローストビーフ	rosbif froid
ローストチキン	poulet rôti
ローズマリー	romarin
ローズマリー風味	...au romarin
ローズマリーの枝添え	...au rameau de romarin
ローリエの葉	feuille de laurier
ローリエ風味	...au laurier
ローリエの葉を皮の下にはさんで	feuilles de laurier sous la peau
ロールケーキ	biscuit roulé
ロックフォール入り、風味	...au roquefort
ロックフォールのサラダ	salade au roquefort
ロメインレタス	romaine

わたりがに

ロメインレタスの芯のサラダ	salade de cœurs de romaine
赤ワイン風味	...au vin rouge
白ワイン風味	...au vin blanc
ワインの澱	lie de vin
ワインの澱風味	...à la lie de vin
ソーテルヌの香気で	...au fumet de sauternes
わかめ	wakamé
わさび	wasabi
わさび風味	...au wasabi
わさびのクリーム	crème moutarde wasabi
わたりがに	étrille
わたりがにのビスク	bisque d'étrilles

スタイルの表現

人

〜さんに捧ぐ	...en hommage à 〜

＊存命中の人物に捧げる場合は、人物名の前に男性ならMonsieur（ムッシウ）、女性ならMadame（マダム）の敬称を入れる。

（例・アラン・シャペルに捧ぐ）	...en hommage à Alain Capel
〜さんの	...de chez 〜
（例・ジョルジュ・ブランの）	...de chez Georges Blanc
〜さんの流儀で	...façon 〜
（例・E. ニニョン流で）	...façon E.Nignon
自家製の	...à la maison
私の流儀で	...à ma façon
我々の流儀で	...à notre façon
オリジナルバージョンで	...dans sa version originale
母の流儀で	...à la façon de ma mère
私のママの〜	〜de ma maman
私のママの流儀で	...à la façon de ma maman
おばあさん風	...grand-mère
私のおばあちゃんの流儀で	...à la façon de ma grand-mère

味、形

アジアンスタイル	...façon Asie
エキゾチック風	...à l'exotique
オリエンタル風味	...aux saveurs orientales
地中海スタイル	...façon méditerranéenne
地中海の香りで	...aux parfums de la méditerranée
～（女性名詞）のように	...comme une ～
（例・ブイヤベースのように）	...comme une bouillabaisse
～（男性名詞）のように	...comme un ～
（例・ポトフのように）	...comme un pot-au-feu
昔風の	...à l'ancienne
	...d'autrefois
おいしい～（女性名詞）	...gourmande
（例・おいしいサラダ）	salade gourmande
おいしい～（男性名詞）	...gourmand
（例・おいしいポタージュ）	potage gourmand
～の味わい	...à la saveur de ～
～の香りで	...au parfum de ～

〜の赤と黒仕立て	〜en rouge et noir
〜の層	〜en strate
〜の緑衣	〜en habit vert

バージョン、バリエーション

バージョン 2011	version 2011
現代バージョン	version moderne
〜のコンポジション	composition de 〜
（例・レモンのコンポジション）	composition de citron
〜のシンフォニー	symphonie de 〜
〜の展開	déclinaison de 〜
〜の二重奏	duo de 〜
〜のハーモニー	harmonie de 〜
〜のバリエーション	variation de 〜
〜のファンタジー	fantaisie de 〜
〜（女性名詞）をめぐって	...autour d'une 〜
（例・ムースをめぐって）	...autour d'une mousse
〜（男性名詞）をめぐって	...autour d'un 〜
（例・ガトーをめぐって）	...autour d'un gâteau

メニュー用語

メニュー表	menu（ムニュ）
朝食	petit déjeuner（プティ デジュネ）
コンチネンタルブレックファースト	café complet（カフェ コンプレ）
昼のメニュー	déjeuner（デジュネ）
	menu au déjeuner（ムニュ オ デジュネ）
	menu déjeuner（ムニュ デジュネ）
	menu du déjeuner（ムニュ デュ デジュネ）
ア・ラ・カルト	à la carte（ア ラ カルト）
	menu à la carte（ムニュ ア ラ カルト）
夜のメニュー	dîner（ディネ）
	menu au dîner（ムニュ オ ディネ）
	menu dîner（ムニュ ディネ）
	menu du dîner（ムニュ デュ ディネ）
デギュスタシオンメニュー	menu dégustation（ムニュ デギュスタシヨン）
オーダーメードの3皿のデギュスタシオンメニュー	"sur mesure" dégustation de trois mets（スュル ムズュール デギュスタシヨン ドゥ トロワ メ）
季節のメニュー	menu de saison（ムニュ ドゥ セゾン）
本日のメニュー	carte du jour（カルト デュ ジュール）

2皿コースメニュー	menu à 2 plats
3皿コースメニュー	menu à 3 plats
プリフィックスメニュー	menu à prix fix
春のメニュー	menu de printemps
復活祭のメニュー	menu de Pâques
夏のメニュー	menu d'été
秋のメニュー	menu d'automne
冬のメニュー	menu d'hiver
ガラディナー	dîner de gala
クリスマスディナー	dîner de Noël
ベジタリアンメニュー	menu végétarien
ダイエット料理	cuisine de régime
食いしん坊の若いお客様向けメニュー	menu jeune convive gourmand
お子様メニュー	menu pour les enfants
10歳未満のお子様メニュー	menu des moins de 10 ans
偉大な古典	grands classiques
トリュフ料理づくし	cuisine de la truffe

おすすめ料理	plats recommandés
	suggestions
スペシャリテ	spécialité
この地方のスペシャリテ	spécialité du pays
本日の料理	plat du jour
第一の料理	première assiette
第二の料理	deuxième assiette
料理1品とデザート1品	un plat et un dessert
卵料理を好みの調理法で	œufs au choix
ランチ：ミネラルウォーター (炭酸入り／なし)、コーヒーつき	déjeuner accompagné d'une eau plate ou pétillante et d'un café
魚料理1品、あるいは肉料理1品	un poisson ou une viande
このメニューは2皿 (前菜・メイン) でもお出しします	ce menu peut être servi à 2 plats; 1 entrée et 1 plat principal
このメニューはテーブル全員で注文くださいますよう	ce menu est conseillé pour l'ensemble de la table

付記事項

サービス料込み	service compris
	service inclus
サービス料別	service non compris
飲物別	boissons non comprises
別料金	supplément de prix
お1人様の価格	prix par personne
お2人様用	pour deux personnes
最低2名様から	pour deux personnes minimum
半分のポーションで	demi-portion
その日の入荷によって	selon arrivage
付け合わせを選んでください	garniture au choix
食事の始めに注文してください	à commander au début du repas
食欲に合わせてお選びください	à choisir suivant votre gourmandise
ランチのラストオーダーは13時30分	jusqu'à 13h30 au dèjeuner
ディナーのラストオーダーは21時30分	jusqu'à 21h30 au dîner

休日は〜曜日*	フェルメテュール fermeture 〜

＊日曜 dimanche、月曜 lundi、火曜 mardi、水曜 mercredi、木曜 jeudi、金曜 vendredi、土曜 samedi

各カテゴリーのタイトルと特定の言い回し

アミューズ・ブーシュ*	アミューズ　ブーシュ amuse-bouche アミューズ　グール amuse-gueule

＊bouche は人の口を、gueule は動物の口（スラングとして人の口）を意味するので、amuse-bouche のほうが上品な言い方。料理が複数あったとしても、綴りは同じ。

おいしい小アペリティフ	プティ　サヴルー　アペリティフ petits savoureux apéritifs
前菜、オードブル	オルドゥーヴル hors-d'œuvre*

＊前菜の品数が複数であっても、表記は同じ hors-d'œuvre。

本日の前菜	オルドゥーヴル　デュ　ジュール hors-d'œuvre du jour
前菜の取り合わせ	オルドゥーヴル　ヴァリエ hors-d'œuvre variés
アントレ	アントレ entrées
冷たいアントレ	アントレ　フロワッド entrées froides
アントレ温製	アントレ　ショード entrées chaudes
サラダと冷たいアントレ	サラド　エ　アントレ　フロワッド salade et entrées froides
キャヴィア (20gで)	キャヴィヤール　レ　ヴァングラム caviar（les 20g）
スープ	スープ soupes
スープと温かいアントレ	スープ　エ　アントレ　ショード soupes et entrées chaudes

魚	poissons
甲殻類	crustacés
魚と甲殻類	poissons et crustacés
魚、貝、甲殻類	poissons, coquillages et crustacés
海の幸	fruits de mer
海の料理	cuisine marine
魚のスペシャリテ	spécialité de poisson
春の貝類の料理	préparations de printemps aux coquillages
カキ (6個)	huîtres (les six)
カキ (12個)	huîtres (les douze)
本日の地元でとれた魚	poisson de la pêche locale du jour
家禽	volailles
肉、家禽、内臓	viandes, volailles, abats
肉料理	viandes
ジビエ	gibiers
肉のスペシャリテ	spécialité de viande

〜を二つの調理法で	〜en deux cuissons
〜を二つのサービスで	〜en deux services
〜を四つのサービスで	〜en quatre services
100 g につき	...les 100g
例・アントルコート（¥5000／100 g）	entrecôte de bœuf (les 100g) ...5,000 yen
野菜	légumes
野菜料理	cuisine potagère
ヴェジェタリアンガーデン	jardin végétarien
パスタ料理	pâtes
プランチャ料理	plats à la plancha
チーズ	fromages
チーズいろいろ	fromages variés
チーズの盛り合わせ	plateau de fromages assortiment de fromages
チーズワゴン、フレッシュから熟成チーズまで	chariot de fromages frais et affinés

季節のチーズ、フレッシュから熟成チーズまで	fromages frais et affinés de saison
農家産チーズ、フレッシュから熟成チーズまで	fromages fermiers frais et affinés
農家産熟成チーズ	assiette de fromages fermiers affinés
春のチーズの盛り合わせ	plateau de fromages printaniers
夏のチーズの盛り合わせ	plateau de fromages d'été
アヴァン・デセール	pré-desserts
デザート	desserts
	douceurs
デザート(甘みの喜び)	plaisirs sucrés
デザート(さまざまなデザート)	variation des grands desserts
デザートのファランドール	farandole de desserts
	farandole d'entremets de douceur
デザート取り合わせ	assortiment de dessserts
フルーツを使ったデザート	desserts aux fruits
料理人の手になるデザート	dessert de cuisine

フルーツ、アイスクリーム、アントルメのワゴン	chariot de fruits, glaces et entremets シャリヨ ドゥ フリュイ グラス エ アントルメ
即興デザート	dessert impromptu デセール アンプロンプテュ
びっくりアントルメ	entremets surprise アントルメ シュルプリーズ
菓子とタルトの盛り合わせ	gâteaux et tartes variés ガトー エ タルト ヴァリエ
デザートをお選びください	desserts au choix デセール オ ショワ
季節のデザートをお選びください	desserts du moment au choix デセール デュ モマン オ ショワ
ミニャルディーズ、小菓子	mignardises ミニャルディーズ
プティフールとミニャルディーズ	petits-fours* et mignardises プティ フール エ ミニャルディーズ

*petits-fours と petits fours の二通りの書き方がある。小さい petit 菓子という意味ではなく、弱火 petit feu のオーブンで焼いた菓子という意味。

グルマンディーズ	gourmandises グルマンディーズ
温かいグルマンディーズ	gourmandises tièdes グルマンディーズ ティエード
チョコレート	chocolat ショコラ
チョコレートのデザート	desserts chocolatés デセール ショコラテ
チョコレートづくしのデザート	absolument tout chocolat アブソリュマン トゥー ショコラ

メニューの言葉を巡って…

食事を指す言葉

　フランスでは時代とともに、1日に摂る食事の回数が変わります。かつての労働者の食事を見て驚きました。貧しい食事内容で、一日に二回ぐらいかと予想していたら、五回も食事をしていたのです。食事の時間や回数とともに、食事を指す言葉の使い方も変わっています。

1　夜明け。デジュネ déjeuner と呼ばれる朝食をたっぷり食べます。
2　10 時 dix-heures。畑に持っていくか、子どもたちに運ばせて。
3　お昼ごろ。ディネ dîner。現在は昼食をデジュネと呼び、ディネは夕食を指しますが、語源はまったく同じで、断食をやめるという意味です。ディネが指す食事の時間は時代によって変わっていて、ルネッサンス期は 9 時、17 世紀は 11 時から正午の間、18 世紀になると午後 2 時。1789 年には午後 3 時という記録が残っています。そして 19 世紀になってやっと現在の意味である夕食、つまり 19 時から 20 時になりました。
4　4 時 quatre heures。今は、子どもたちのおやつの意味で使われています。
5　夜にスペ souper。語源はもちろん、スープ soupe です。現在はスペというと、観劇のあと夜中にとる食事を意味します。

スープ soupe という言葉

　スープは、野菜や肉をことこと煮てそのまま食べる——裏ごしたりはせずに——、素朴な家庭料理です。今日、私たちがポテやポトフと呼ぶものに近いものだったようで、かつてはスープのひと碗が、すなわち食事でした。

　スープという言葉は 1200 年ごろの文書に初めて登場しましたが、当時は牛乳やワイン、ブイヨンに浸したパンのことを指していました。固くなったパンを食べられるようにする知恵です。パンを入れたまま

煮込んでおかゆ状にして食べ、酪農が盛んな土地ではチーズを入れ、これは現在のオニオンスープとして残っています。

フランス各地に名物スープがあり、ベアルン地方のガルビュール、南フランスのブイヤベースが有名です。ワインの産地では、スープを飲み干した後に赤ワインを注いで、スープ碗に口をつけて飲むのが一般的で、これをシャブロル chabrol と呼んでいました。ブルゴーニュ地方では、このスープのことを、「酔っ払いのブイヨン」と評していたそうです。

さて、スープが本来の意味での液体を示すようになったのは、14世紀初頭のことでした。野菜、肉、鶏などを煮て、そこにもちろんパンを加え、裏ごさずに食べていました。ところが、17世紀末になると、宮廷の貴族たちがスープという言葉は品に欠けると言いはじめ、ポタージュという言葉に替えました。スープが田舎のつましい食事を連想させたからでしょう。

スープという言葉が、エレガントさに欠けると思う人は今ではいなくなりましたが、それでもオニオン・グラタン・スープをメニューに書くときは、soupe à l'oignon（スープ ア ロニョン）より、gratinée à l'oignon（グラティネ ア ロニョン）のほうが好まれているそうです。

ポタージュ potage という言葉

スープが田舎の匂いがするものなら、ポタージュはもう少し洗練されたものです。そして、一般的に、裏ごしてあります。

18世紀はじめに書かれたポタージュの定義は、「鍋 pot で煮る食べ物」でした。フランスの食事は必ずポタージュで始まり、19世紀初頭には、有名なポタージュを集めた本が10巻にもおよんだものです。

ポタージュの分類は、料理の教科書に必ず書いてあるほど有名ですが、一応記しておきます。

potages clairs（ポタージュ クレール）　澄んだポタージュ　＝　ブイヨン、コンソメ
potages liés（ポタージュ リエ） つなぎが入ったポタージュ　＝　ヴルーテ、ポタージュ・クレーム、クレーム、ピュレ

ヴルーテ velouté という言葉

　ヴルーテという単語は、1833年、アントナン・カレームの著書に料理用語として収録されました。仔牛や鶏のフォンで作った白いソースのことで、いろいろなソースを作るベースとなるものでした。そこから意味が広がり、非常になめらかなポタージュを意味することになりました。野菜や魚、甲殻類のピュレを裏ごし、卵黄や生クリーム、バターを加えてつなぎ、そのつややかさがビロード velours（ヴルール）を思わせるので、ヴルーテと名づけられたとか。現代の料理人は、野菜を多く用いて、軽く、洗練した料理に仕上げています。

ポタージュ・クレーム potage crème という言葉

　とろけるような舌触りのポタージュで、クレーム crème とだけ言うことも。昔はベシャメルソースや、小麦粉、生クリームでつないでいましたが、今は生クリームや片栗粉を加えることが多いようです。

クレーム crème のテリトリー

　クレーム crème という単語は19世紀に料理用語に加わりましたが、ラテン語の crama から派生した craime という語はすでに12世紀には登場し、13世紀の cresme は「牛乳のクリーム」という意味合いで使われていました。

　現在では、いくつかの意味があります。

　まずは生クリーム。泡立てるとクレーム・シャンティイ crème Chantilly（＝ クレーム・フエッテ crème fouettée）になります。初めてクリームを泡立てることを考えついたのは、17世紀半ば、シャンティイ城で働いていた料理人たちだったと言われ、Chantilly の名もそこに由来するとされています。が、実はそれ以前に、カトリーヌ・ド・メディシス付きの料理人がエニシダの茎を使ってクリームの泡立てに成功していたそうです。

　つぎに、生クリームのようなとろみを持っている料理にも使います。牛乳と卵で作ったクレーム・アングレーズ、クレーム・パティシエー

ル、クレーム・ランヴェルセ、クレーム・グラッセなどがそれに当たります。クレーム・ブリュレは17世紀にはもうすでに存在していました。これに対して、クレーム・オ・ブール(バタークリーム)はもっとあと、19世紀に考案されました。

　このほか、とろけるような食感のもの、チョコレート・ボンボンの中身に詰めるものもクレームと呼びます。

　最後に、生クリームのような濃度になったポタージュのことも、クレームと言います。

　ようするにクリームのようなとろみ感があるものを、クレームと呼ぶのでしょう。

「ア・ラ・なんとか」の意味

　フランス料理のメニューには、tomates à la provençale(トマト(トマト　ア　ラ　プロヴァンサル)のプロヴァンス風)というように「à la＋地名」の形がよく出てきます。これは地名を使ったコード名のようなもの。プロヴァンス風と言ったら、にんにく・トマト・オリーヴ油、というぐあいに、付け合せやソースの内容がわかる言葉なのです。たとえば、

　　à l'alsacienne（ア　ラルザシエンヌ）　アルザス(地方)風　＝　シュークルート、ハム
　　à la bourguignonne（ア　ラ　ブルギニョンヌ）　ブルゴーニュ(地方)風　＝　玉ねぎ、マッシュルーム、ベーコン。
　　à la bretonne（ア　ラ　ブルトンヌ）　ブルターニュ(地方)風　＝　白いんげん豆、みじん切りのパセリ
　　à la florentine（ア　ラ　フロランティーヌ）　フィレンツェ(町)風　＝　ほうれんそう
　　à la périgourdine（ア　ラ　ペリグルディーヌ）　ペリゴール(地方)風　＝　フォワグラ、トリュフ

「à la ～」は、à la façon de ～／à la mode de ～（ア　ラ　ファソン　ドゥ／ア　ラ　モード　ドゥ）（～の方法で、～の流儀で）を縮めた形です。たとえば、ボルドー風 à la bordelaise（ア　ラ　ボルドレーズ）は、à la façon de Bordeaux（ア　ラ　ファソン　ドゥ　ボルドー）（ボルドー地方の方法で）を短くしたものです。方法という単語 façon（ファソン）が女性形の単語なので、Bordeaux（ボルドー）の形容

詞 bordelais が女性形 bordelaise になっています。

地名に限らず、truite à la meunière（ますのムニエル）といった使い方でも同じことが言えます。これは、truite à la façon des meunières（ますをムニエルの調理法で）の、「façon de」が省かれた形です。時代とともに省略化はどんどん進み、最近では à la すらも消え、truite meunière の形が多く見られます。

「à la～」は誰々さんの流儀で、と言いたいときにも使います。à la façon de Duglére（デュグレレの流儀で）というように書くのが正式ですが、これもまた、「façon de」が省略されて、à la Duglére と書くことがふつうです。

ここでもまた省略が進み、à la が消えることがあります。sole Duglére（デュグレレ風の舌平目）のように。

さて、ここでひとつ問題が。「～さんに捧げた」メニューも、ピーチメルバ pêche Melba（メルバに捧げた桃のデザートという意味です）のように à la 抜きで名前を書くので、それが「～風」なのか、はたまた献辞なのかがわからなくなるのです。

ただし、古典料理ならほとんどが貴人に捧げた名前でしょうし、料理史に登場する料理人の名前なら「～風」の可能性が高いでしょう。人物名のついた料理には、その由来となるエピソードが残されていますので、調べてみるときっと参考になると思います。

「メニュー」という言葉

アカデミー・フランセーズが、メニュー menu という言葉を「食事を構成する料理の詳細なリスト」という意味にはじめて特定したのは1718年のことでした。

フランス革命以前は、厨房の入り口に掲示板を張り、料理人が作れる料理の名前を書いていました。料理の内容を知りたければ、給仕人に尋ねるしかなかったのです。

メニューという単語が、料理と価格が記された「紙 carte」を示す言葉になったのは19世紀半ばのことで、テーブルで客に提示する習慣も生まれました。すべての料理を一度に並べて食べるのをやめ、ひ

と皿終えたら次の料理に移る習慣が根づいたのと、一回の食事に供する料理の品数が減ったので、ある程度大きさの限られた用紙に、料理や飲物までも一覧にして紹介することが可能になったのです。パリの有名店のメニュー表は実に豪華で、水彩画やパステル画が描かれ、小さな美術作品でした。

エスコフィエは1912年刊の「メニューの本」で、料理名の書き方、献立の構成のこつなどを丁寧に説明しています。もちろん、メニューという単語の定義も最初に書いています。

「食事の献立、いわば食事のプログラム」、そして「料理や飲物が記してある紙」というのが定義です。今は、これに加えて「あらかじめ食事の内容が決められているコース料理」という意味もあります。「menu du jour 本日の定食」は、その典型的な例です。これに対して、客が料理を選ぶ自由があるのが「ア・ラ・カルト à la carte」です。

エスコフィエは、メニューの構成、献立作りはいちばん難しい仕事のひとつ、と言っています。お客様の時間は限られているのだから、できるだけ簡潔に、短く書くように、とも。

料理も言葉も、限りなく軽く

過去から現在までのメニューを見ていくと、料理の内容とともにメニューに書かれる文章が短く、軽くなっていくのがわかります。

まず、省略が多くなりました。1960年ごろは、じゃがいもをわらのように細く切り、油で揚げたものを pommes de terre frites paille と記していました。ところが現在では、frites を省略し、pommes de terre paille としています。ときには pommes paille と言うことさえも。

サバイヨンも同様で、30年前は sauce sabayon と丁寧に書かれていましたが、今は sabayon。クーリ coulis も、かつては sauce coulis でした。

アイスクリームやソルベも、glace à la vanille が glace vanille、sorbet aux fraises が sorbet fraises です。

「à la 〜」ではじまる付け合わせの言い方も、à la をなくして、素材名をぽんぽん並べる形式が増えてきました。

思い返せば、ヌーヴェル・キュイジーヌの時代がそうでした。現代の軽さ志向は、そこがルーツかもしれません。

1970年代に始まったヌーヴェル・キュイジーヌは、それまでの料理を重いと考え、ソースを軽くし、調理もさっと行ない、素材の味を大切に、というのが哲学でした。その考え方はメニュー名にも表われています。ラグー ragoût には「fin 軽い」をつけて ragoût fin、アスパラガスのガトー仕立てには gâteau moelleux d'asperges のように「moelleux やわらかい」を加え、野菜の名にはフレッシュ感を強調するために「fraîche 新鮮な」が付け加えられました。ただのピュレではなく purée mousse で、野菜は petits légumes（小さい＝若採り野菜）。デザートのスフレは soufflé léger（軽いスフレ）。とにかくムースが食卓を席巻しました。

この頃より、今はさらに軽くなりました。アラン・シャペルがカプチーノ仕立てのきのこスープを創作して以来、料理はふんわり、軽く、泡のように。「エミュルシヨン émulsion」、「エスプーマ espuma」、「泡 écume」。「air glacé 凍らせた空気」。空気までメニューにのる時代になったのです。

アロマート aromates、スパイス épices、薬味 condiments

香り好きのフランス人ですから、香りづかい、香りの言葉づかいにはとくに気を遣っているように思います。

アロマートは、料理に香りをつける植物全般を言います。球根（にんにく、玉ねぎ、エシャロット）、根（レフォール）、茎（アンゼリカ、ねぎ、シブレット、フヌイユ、サリエット）、葉（バジル、セルフイユ、コリアンダー、エストラゴン、ミント、パセリ、ローズマリー、マジョラム）、花（ナスターチウム、ケイパー）、実（ねず、唐辛子）、種子（ディル、コリアンダー、マスタード、ヴァニラ）など、植物のさまざまな部分がアロマートになります。

時代によって好まれる植物も変わり、19世紀後半には、にんにくやセルフイユ、クレソン、マジョラムなどのほか、ワレモコウ、イブキジャコウソウなど今ではあまり見られない植物が多く使われました。

料理の香りづけには、スパイス épice、そして薬味 condiment もあります。最近のフランスのメニューには、この condiment という語がひんぱんに登場します。グリビッシュソース sauce gribiche といわずに、あえて「薬味グリビッシュ condiment gribiche」と書いたり。これもひとつの流行なのでしょう。かつて、クーリ coulis という語があちこちに現れたときを思い出します。

　スパイスは香料なのでたいへん分かりやすいのですが、condiment とは何なのか。スパイスとアロマートのふたつの意味を併せ持つと言う人もいますが、どうでしょう。

　2007年刊の『ラルース・ガストロノミック』はこう説明しています。

「スパイス、香味野菜、ソース、フルーツ、ある程度調理した材料に使用される言葉。＜ assaisonnement 調味料＞は調理中に加えられるものであるのに対して、＜ condiment ＞は全体の味の調和を考慮して選ばれる」

「付け合わせであったり（コルニション、酢漬けのフルーツ、ケチャップ、マスタード）、素材のひとつであったり（混合スパイス、フィーヌゼルブ、木の実、トリュフ）、保存料（オイル、塩、砂糖、ヴィネガー）だったりする」

　驚いたことに、「天然着色料、エッセンス、ワイン、アルコール、花、チーズ」までも含めています。つまり、料理に加えるアクセントととらえたらいいのでしょう。

「いちごのコンフィチュール」

　「いちごのコンフィチュール」と書くとき、いちごは複数にしますか？ それとも単数？

　confiture de fraise**s** か、それとも confiture de fraise か。よほどマニアックな人でないかぎり、このことは意識していないでしょう。けれど気にしはじめると気になるのが、この s 問題。

　これを解決したいがために、メニュー例を集めたと言っても過言ではありません。が、たくさんのメニュー例を比較検討しても、答えは得られませんでした。多くのシェフが confiture de fraise**s** と書

いていますし、『エル・ア・ターブル』のような一般誌も同様ですが、2007年刊の『ラルース・ガストロノミック』では、confiture de fraise と記してあります。コンフィテュールの親類であるマルムラードやコンポートも「s なし」。marmelade de pomme になっています。
　ところが、1960年版の『ラルース・ガストロノミック』では、confiture de fraises になっているではありませんか。marmelade でもしかり。これはどうしたことでしょう。そこから、s の答えを求める旅がはじまりました。
　一般のフランス人にとっても、またフランス語学者にとっても、de のあとの名詞に s をつけるか否かという問題は難しく、「絶対的なルールはない」という結論を出すことが多いようです。けれども、いろいろ調べるうちに、なんとなく傾向が見えてきました。

1．コンフィテュール、マルムラード、クーリ、ピュレ、パートなど、素材をきざんで使い、その形が残っているものには s をつける。

　　例　confiture de fraises（いちごのコンフィテュール）
　　　　marmelade de prunes（プラムのマーマレード）
　　　　coulis de famboises（フランボワーズのクーリ）
　　　　purée de pêches（桃のピュレ）
　　　　pâte d'amandes（パート・ダマンド）

　ただし、ルバーブのように単数をとる例外もある。

2．素材からエキスなり汁なりを抽出して、素材の形がもはや残っていないときは、s を書かない。ジュレ、ジュース、リキュール、シロップ、オイルなど。

　　例　gelée de fraise（いちごのジュレ）
　　　　jus de tomate（トマトのジュ）
　　　　liqueur de framboise（フランボワーズのリキュール）
　　　　sirop de fraise（いちごのシロップ）

huile d'olive（オリーヴ油）

ただし、「フルーツ」や「野菜」の場合は、数種類使うことも考えられるので、s を加える。

例　gelée de fruits（フルーツのジュレ）
　　jus de légumes（野菜のジュ）

以上は、あくまでひとつの見方です。このほか、いろいろな考え方があるでしょう。けれど、たったひとつの s の存在で、フランス語のメニューを深く考えるきっかけになればと思います。

福永淑子 ふくながよしこ

バカロレア哲学取得、国際基督教大学卒。フランス料理や食文化に関する翻訳・通訳を数多く手がける。おもな著書に『スグに役立つ料理のフランス語』(共著、柴田書店)、訳書に『美食の文化史』(筑摩書房)、『ロビュションの食材事典』『ピエール・エルメのお菓子の世界』(以上柴田書店) など。

フランス料理メニューノート

初版印刷 2011 年 8 月 27 日
初版発行 2011 年 9 月 15 日

著者	ⓒ 福永淑子
発行者	土肥大介
発行所	株式会社 柴田書店
	〒113-8477
	東京都文京区湯島 3-26-9 イヤサカビル
	電話 営業部 03-5816-8282(問合せ)
	書籍編集部 03-5816-8260
	URL http://www.shibatashoten.co.jp
印刷	株式会社文化カラー印刷
製本	大口製本印刷株式会社

本書収録内容の無断掲載・複写(コピー)・引用・データ配信等の行為は固く禁じます。
乱丁・落丁本はお取替えいたします。

ISBN 978-4-388-35339-2
Printed in Japan